DOS TIEMPOS, DOS ESPACIOS
EXPOSICIÓN ANTOLÓGICA
MARINA GÓMEZ

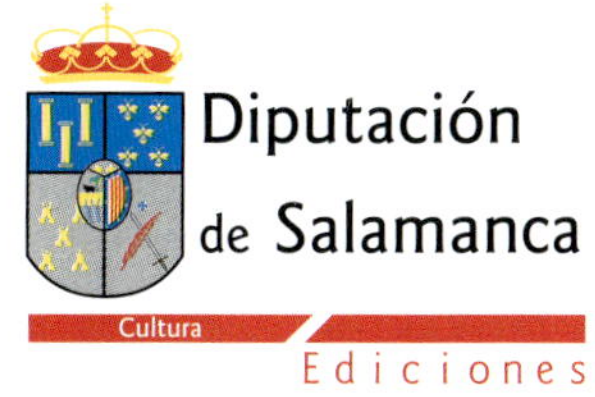

Diputación de Salamanca

Cultura / Ediciones

EDICIONES DE LA DIPUTACIÓN DE SALAMANCA
Serie catálogos, n.º 287

1.ª edición: enero 2026

© Diputación de Salamanca

Montaje: Hermanos Feltrero

Fotografías: Gaspar Domínguez

ediciones@lasalina.es
www.lasalina.es/cultura

ISBN: 978-84-7797-793-3
Depósito Legal: S 496-2025

MAQUETACIÓN:
Intergraf

IMPRESIÓN:
Gráficas Lope

Hoy como ayer y siempre para:
Leo, Pelayo, Marina y Natalia

Estamos ante una obra singular, original y que detalla las señas de identidad de esta pintora salmantina, Marina Gómez, artista de gran oficio, sabiendo conjugar la belleza con la poesía.

Es precisamente en Alaraz donde la obra de Marina Gómez adquiere un especial significado en el museo que lleva su nombre y es en esta sala de exposiciones de la Torre de los Anaya donde hoy presenta su obra actual dialogando en el tiempo a través de su prolífico trabajo artístico.

En su pintura está el mundo que nos rodea; los objetos de los bodegones nos cuentan historias propias cotidianas, y en sus paisajes, sus vivencias: campos de Castilla, encinas, ocres, amarillos, perfectamente proporcionados.

Su pintura indaga en la realidad cotidiana para realizarla y transformarla en materia pictórica; surgen así nuevas fisonomías que van a ser definidas por un acento de gran personalidad expresiva que apura las posibilidades visuales de cada elemento.

Para ella solo existe una realidad personal, y esta es el fruto de la unión entre el mundo exterior y su mundo interior, lleno de emociones y recuerdos.

En esta muestra antológica que nos ofrece Marina Gómez, «Dos tiempos, dos espacios», los salmantinos y el público en general descubrimos la huella de una artista cuya experiencia nos invita a contemplar una hermosa propuesta artística.

DAVID MINGO PÉREZ
Diputado de Cultura

PLENITUD EN LA OBRA DE MARINA GÓMEZ

Hace diez años la pintora Marina Gómez exponía en el espacio de La Salina una muestra inequívoca de su obra que, si bien contemplaba un lugar para su memoria artística, anunciaba un proceso de investigación creativa en su taller. Hoy, en esa conjunción biográfica que supone el paso de una década, Marina Gómez da fe de un amplio, detallado y proceloso estudio de experimentación que, indudablemente, supone una aportación de hermosísimas consideraciones en el conjunto de su dilatada y espléndida obra.

No es extraño que en este viaje y a la hora de exponerlo ante el público, confíe en dos aspectos trascendentales el contenido de su trabajo y denomine «Dos tiempos, dos espacios» el motivo de su exposición. La artista salmantina, nacida en Alaraz donde posee su refugio y el museo canalizador de numerosas actividades culturales, desprende en su generosidad creativa aquella otra que cobija la experiencia humana y que supone una razón de ser en su vida.

No es menor, por tanto, que el primero de los tiempos, el primero de los espacios, ocupe la memoria de años artísticos bajo la influencia del pintor Jorge Ludueña que recordaba: «Un artista de hoy (de entonces), pisando este territorio inhóspito, debe de trabajar nutriéndose de la historia, para no fracturar el devenir que le da sus señas de identidad, su sitio».

Para este proceso de búsqueda, Marina Gómez no ha olvidado que, como forma de expresión, hay conceptos que subyacen en la materia creada, conceptos que a veces se nos escapan si digerimos con prisa o superficialidad el recorrido de una muestra.

En ese taller creativo de obra artística y vida personal lo sutil, lo fragmentado en un bodegón o en un paisaje, se debate en la obra de Marina Gómez en un lenguaje expresivo más allá de la figuración o el expresionismo. Hay emoción, porque existe la ternura. Hay belleza, porque el conflicto desvela su presencia. En la forma, en este primer espacio, aparecen elementos que van a desarrollarse nítidamente en el resto de su trayectoria: la geometría y la luz. En el fondo, la expresión de su sensibilidad hace de quebrado de lo anterior para construir un lenguaje tan propio y sincero como armónico.

Es también lo que ha configurado su estilo, tan personal e íntimo como clarificador para quien no necesita muchos argumentos en reconocer su obra. Destaca en ella el sentido que ha tenido siempre la existencia de la encina, el paisaje de encinares no poblados sino en la soledad de la trascendencia, en la soledad de las 'miradas', título de su muestra hace diez años, y la conjunción de hermosísimos bodegones en cuya materia ha utilizado el óleo y el lienzo u otras herramientas como el metacrilato y también la fotografía y la impresión digital desde entonces hasta ahora.

Marina Gómez no ha desdeñado la dificultad, sino que se ha servido de ella para crear tiempos y espacios, —ahora uno percibe ese detalle— y no doblegarse, quedarse, arrinconarse sino expresarse desde el interior a la dificultad para mostrar un campo expresivo detallado en una obra de belleza. Desde aquellos trabajos desarrollados en técnica mixta, su universo se ha desenvuelto en el planteamiento de una sinceridad artística. Colores, tierras, interiores y paisajes arropan su búsqueda personal desde el concepto a la emoción. Recordaba nuestro común amigo el pintor Carlos Civieta sobre el trabajo de Marina cuando ha simplificado tanto elementos expresivos como técnicos y ha dado como resultado la luminosidad desde el propio concepto. Y así es. En Marina Gómez existe un dominio de tal hecho que en su estilo fraguan y se adhieren como materiales y también como fenomenologías personales. Detalla la pintora Consuelo Chacón que para Marina Gómez «Solo existe una realidad personal, y esta es el fruto de la unión entre el mundo exterior y el mundo interior, lleno de vivencias, emociones y recuerdos».

Diez años atrás presentaba su obra diversidades técnicas, tablas y metacrilatos que hacían emerger ocres y verdes, texturas inmensas en paisajes figurados, alejados o no de una abstracción matérica intuida nada más, —eco de Morandi escribía Rafael Cid—, y bodegones de alma impresionista, donde el color emergía con delicadísima presencia.

Bien, hoy, esa plenitud se adhiere en la presentación de una caja —¿mágica?— en donde subyace la obra pictórica, fotografiada, y ensamblada con la limpieza de un arquitectura con inmenso sentido y sensibilidad. El gusto por la belleza, que viene a ser el mismo por la verdad, tiene ante sí en el reto de Marina Gómez la percepción de una obra que desde la misma pintura ha encontrado acaso la proyección visual y la escultura. *«Es casi escultura»*, relata no sin razón, el fotógrafo Gaspar Domínguez. Y así es, los dos lenguajes forman parte de dos tiempos y dos espacios, como ahora así nos presenta quien por otra parte nunca ha desdeñado en el oficio artístico la escultura en su claridad compositiva. Y como nada es por casualidad, quede este aspecto escultórico como razón de final al evocar al maestro y recordado Venancio Blanco en el contexto íntimo de la creación artística de Marina Gómez.

En un tiempo en que al parecer desarrollamos fragmentos de espiritualidad como trasunto de moda, o como necesidad inspiradora tal vez, no es menos cierto que cuando a ello nos referimos en torno a una obra artística acontece que quizás nos pase desapercibido, por el miedo, la prisa o el desinterés, o el gusto para un 'selfie', poco más, o el rechazo inmediato. Nos sacude ese detalle espiritual porque, cuando se impregna de belleza, el hecho es que nos pregunta o acaso responde a lo que ni siquiera percibimos haber preguntado al encontrarnos con ella, se trate de un bodegón, una fotografía de mujeres lavando en un tiempo blanco/negro, o la ropa tendida sobre una cuerda en el rastro de un edificio. Esto sucede con la obra de Marina Gómez.

En ese estado de las cosas que es el marco de la sinceridad y la belleza de su creación artística, la mirada sobre su lenguaje emocional tiene la fuerza de una investigadora de enorme calado en su hermosa construcción y la percepción de una artista, en plena madurez, de impecable desarrollo y plenitud.

Aníbal Lozano Jiménez

MARINA GÓMEZ, UNA MIRADA NUEVA SOBRE NUESTRO PAISAJE

Sigue la ruta del corazón por tierras de Peñaranda la pintora Marina Gómez camino de las estribaciones de la sierra de Gredos: Macotera, Santiago de la Puebla, Alaraz… agosto cierra su ciclo de fiestas y cosecha y la luz se extiende sobre este paisaje que tan bien refleja la obra de la artista Marina Gómez. Su casa, junto a la iglesia de Nuestra Señora de las Nieves, es un rincón lleno de arte y detalles exquisitos, un gesto generoso para acercar la belleza a su gente y a quienes visitamos el Museo Marina Gómez.

Radicada en Madrid, la pintora y escultora abre durante el verano las puertas de esta parte de su hogar en la que se suceden desde sus primeras obras, los magníficos bodegones que van desde la figuración a la abstracción, realizadas con todo tipo de técnicas, hasta las más recientes, en las que investiga con el metacrilato y las instalaciones. Porque Marina Gómez nunca se detiene, busca, experimenta, trabaja la materia, inquiere nuevas formas de creación artística. Y así se suceden fascinantes meninas realizadas en piedra, escayola, terracota… piezas de forja, cuidadosas obras de cerámica, delicadas frutas absolutamente figurativas de exquisita redondez. Una enorme variedad de propuestas y técnicas que tiene una constante en su lenguaje artístico: la composición, cuya importancia aprendiera tan bien en las clases del artista argentino Jorge Ludueña.

¿Quién es esta artista sorprendente en su originalidad y su constancia? Marina Gómez nace en el Alaraz que ahora busca: «Me da mucha tranquilidad vivir en mi pueblo». Durante su niñez rural, el único contacto con el arte será un álbum de su madre, quien por la guerra no pudo seguir estudiando. La pequeña Marina copia las ilustraciones y reconoce con sinceridad: «Siempre tuve tendencia hacia el arte, aunque no había nada en casa salvo los dibujos de mi madre. Unos cuantos libros, algún juguete». Sin embargo, es en esa casa familiar donde encuentra inspiración, su familia regentaba una fábrica de ladrillos y cerámica, y de ahí nace su amor a la materia, sus primeros intentos de alfarera, «pucheritos y ollas» que les permitían meter en el horno y que fueron la primera muestra de lo que sería su trabajo escultórico, volumen y curva. Ya en Salamanca, estudia Turismo la joven Marina, quien asiste a las clases de la Escuela de Artes y Oficios. Durante las vacaciones de verano, como tantas muchachas de su época, va a trabajar a Francia, donde descubre el impresionismo. Inquieta y deseosa de aprender, en Madrid, estudia Ciencias de la Educación, se doctora en Logopedia y combina su trabajo con la asistencia a talleres y clases que no abandonará nunca: «Entonces el tiempo me cundía para todo, hijos, trabajo, clases… y además, en Madrid, vives en contacto con la pintura». A la dispuesta estudiante le gusta el ambiente del taller, recibir y participar del aprendizaje de toda técnica. Entonces se inicia su larga trayectoria de exposiciones, muestras colectivas y sobre todo, comienza la búsqueda constante, la de una artista siempre inquieta desde el punto de vista técnico, matérico, que, sin embargo, no olvida nunca su paisaje. Un paisaje al que regresa a menudo y donde en un futuro abrirá su Casa-Museo, tras largos años de organización del Concurso Internacional de Pintura Rápida que pone el nombre de Alaraz en el mapa de arte.

Asistimos en el Museo a la obra inquieta de una artista sorprendente. Con dos hitos fundamentales, el del pintor que le enseñará la importancia de la composición, Jorge Ludueña, quien ejerce de maestro en largas clases teóricas donde no se pinta, el alumno lo hace en casa y recibe después las críticas del grupo. «Para él, la pintura era una religión, y la composición, lo más importante» recuerda la artista. Los hermosos bodegones de Marina Gómez y su visión del paisaje le deben mucho a la mirada del maestro, pero no se queda ahí. Investiga con arpillera, *collage*, pintura mural, trabaja estas encinas que son una constante en su obra y que ahora se muestran en sus particulares instalaciones de madera, fotografía, pintura y metacrilato. Las clases en el taller de Consuelo Chacón, otro de sus hitos, han enseñado a

Marina Gómez una nueva forma de trabajar la pintura. Y de nuevo sus encinas, el paisaje de su corazón, se reflejan en esta manera diferente de hacer, montar cuadros que adquiere profundidad, originalidad y una nueva visión de lo consabido. No hay materia que se le resista a esta artista inquieta que ama las texturas como escultora que es, una pintora que, gracias al metacrilato, produce esta sorprendente obra que encuentra un nuevo lenguaje que incorpora la luz y el concepto instalativo.

Maderas, puertas que se abren, cajas de la tienda de su hermana que se convierten en hornacinas donde la fotografía y la pintura se unen, «Es un homenaje al paso del tiempo», afirma la artista que recorre de nuevo su paisaje charro para convertirlo en estas nuevas piezas donde también experimenta con la geografía del Madrid en el que vive. Amante de Velázquez, Goya, Morandi y sobre todo, Bacon, Marina Gómez define sus últimas búsquedas «Me gusta mucho el desarrollo de la forma» como una experimentación de superposiciones, cambiando la verticalidad del lienzo para buscar la instalación que recurre al objeto. «Soy un poco trapera» afirma entre risas esta mujer que bien podía dedicarse a la decoración de interiores, porque sabe descontextualizar cualquier cosa, convertirla en una pieza de arte, combinarla y exhibirla en su rincón perfecto, como lo hace con las conchas recogidas en los viajes, con las plantas, las piezas de arte de sus nietos o el trabajo de artesanos desconocidos o pintores cuya obra admira y ha comprado, como las de Florencio Maíllo o Jesús Coyto. Marina Gómez asimila no solo lo que ve, sino lo que ama, y lo integra en esa visión suya que inspira los poemas que le han dedicado María Eugenia Bueno y Nativí Gómez, porque hay una poética en sus encinas, una luz particular en sus piezas de metacrilato, y una manera muy especial de interpretar lo ya conocido, como esa visión de color del patio del Palacio de la Salina que sirve de imagen corporativa al Servicio de Publicaciones de la Diputación, que todos conocemos y que nace del talento de esta pintora nuestra.

Cae la tarde sobre el paisaje de Alaraz, sus hermosas calles, su campo amarillo de verano, sus encinas profundas y densas. Cierra la puerta de su museo abierto a quien desee conocerlo esta mujer armoniosa, esta artista de sólida trayectoria y búsqueda incesante que vuelve a exponer en esa Salamanca que se siente orgullosa de sus nombres propios, de quienes llenan la España no vaciada de sus raíces, de arte. Y pienso en Amalia García, en el Valderdón de sus obras, mientras a lo lejos, se suceden las encinas que pinta ahora metacrilato, negativo y madera, la artista que tantos atardeceres como estos ha trabajado en el fragor de un Madrid donde evoca Marina Gómez el paisaje de su esencia. El de un Alaraz que se enorgullece de su artista, caricia de mirada sobre el paisaje tantas veces entrevisto, tan original en su paleta diversa, tan diferente en su sensibilidad viva, estimulante, propia de la gracia, el rigor y la constancia de Marina Gómez.

Charo Alonso

PRESENTACIÓN DE MARINA GÓMEZ

Marina es una creadora visual cuyo trabajo transita entre la pintura, la fotografía y el *collage*. Su obra se construye en el territorio donde el tiempo –pasado y presente– se superpone, dejando huellas que revelan su autobiografía interior.

A través de capas de color, y fragmentos de imágenes, la artista explora cómo lo vivido se inscribe en los objetos y en los espacios.

La fotografía, es un testimonio detenido y la pintura, el puente sensible que integra ambos mundos.

Su proceso creativo es una búsqueda constante: excava el pasado para comprender su resonancia en el presente, recupera recuerdos y silencios, y los transforma en narrativas visuales que invitan al espectador a reconocer sus propias huellas. Cada obra es un territorio de introspección, donde la identidad se revela como un tejido en permanente construcción.

El trabajo de Marina Gómez propone así una reflexión profunda sobre el tiempo, la memoria y la experiencia. Su producción se sitúa entre lo tangible y lo emocional, invitando a mirar lo cotidiano como un espacio donde aún laten historias invisibles.

CONSUELO CHACÓN
Artista visual y comisaria de arte contemporáneo

MARINA GÓMEZ
–PINTORA, ESCULTORA, DIBUJANTE–

Salmantina con residencia en Madrid, es una de las figuras relevantes de la pintura española contemporánea.

Lleva en sus espaldas múltiples exposiciones, tanto individuales como colectivas, consiguiendo ser galardonada en numerosos premios.

En sus obras se puede apreciar que se trata de artista de gran oficio, sabiendo conjugar la belleza con la poesía.

Tiene un lenguaje figurativo que enlaza con la abstracción, consiguiendo una composición muy dinámica, articulando una tensión entre el azar y la mancha.

Sabe mantener un dialogo con el espectador, entre el impulso y la estructura, su gesto lo forma con una gama de colores y formas, consiguiendo que el ojo recorra la obra en toda su plenitud.

Marina incorpora de forma muy original en sus bodegones, paisajes y figuras, hace que lo intimo lo una con la sensibilidad, consiguindo dejar espacio para la emoción y el color.

Quien no conoce en sus obras los planos, la geometría, hace lo que es tan difícil en un artista, tener un lenguaje propio, siempre inquieta por aprender, creardo nuevas obras que sorprende al espectador amante del arte.

Los materiales en sus obras siempre novedosos incorporando collages, metacrilatos, maderas, pigmentos, consiguendo encontrar un lenguaje nuevo-novedoso de luz y instalativo.

A lo largo de su tiempo como artista plástica ha sostenido una relación intensa con el tiempo y la memoria, se puede decir, que lo material y lo mental, lo racional y lo emotivo, se unen sin anularse.

Plasma muy bien su espacio de verdad, entre el gesto y la estructura.

Marina sabe sorprendernos con sus nuevas obras, dejando al espectador que complete su obra con la imaginación.

Gracias por la gran aportación al mundo apasionante del arte.

JUAN MANUEL LÓPEZ-REINA COSO
Artista plástico, vicepresidente y tesorero
de la asociación española de pintores y escultores

DOS TIEMPOS, DOS ESPACIOS

Antes, en otro lugar
Ella se acerca,
plasma sobre el blanco,
donde sus manos se esfuerzan,
toda la sensibilidad de su mirada.
Sombras, trazos, colores
se van insinuando.
En cada sombra una duda,
en cada color un estado de ánimo
en cada uno de los trazos
Ella.

Ahora, aquí
Tú recorres el espacio.
Te acercas y contemplas.
Cada luz una sorpresa,
cada sombra una zozobra,
cada trazo una ilusión.
Y de repente,
aquella lejana tarde de verano
a la sombra de una encina
Tú.

N.G.

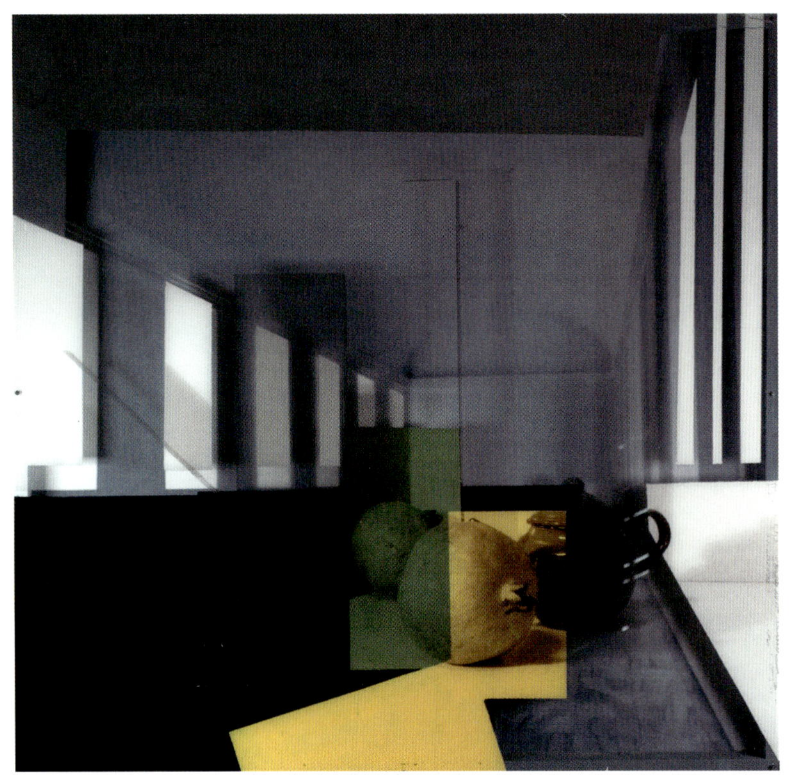

EN EL INTERIOR
Técnica: mixta sobre tabla | Medidas: 100 x 100 cm

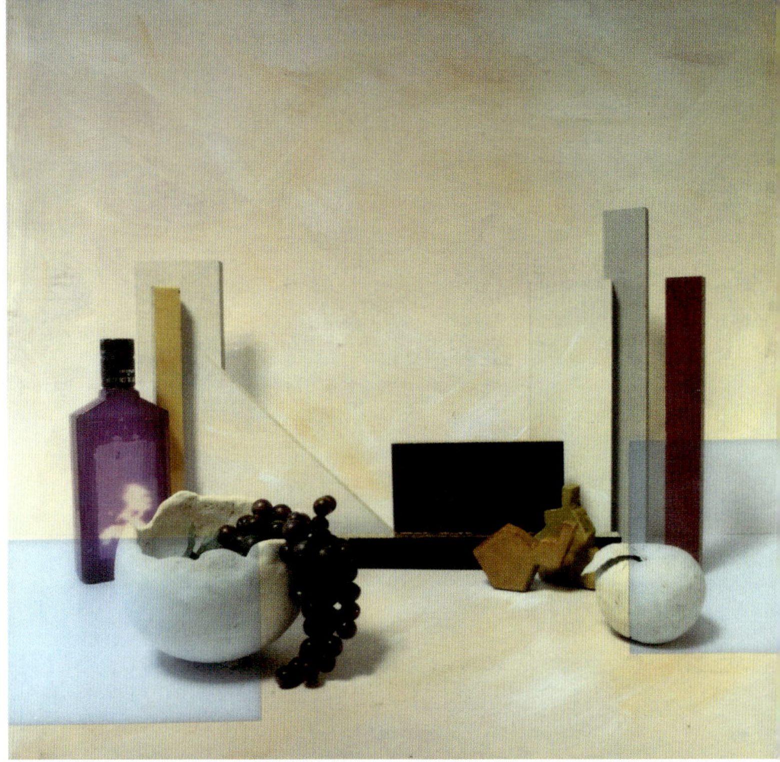

COMPOSICIÓN II
Técnica: mixta sobre tabla | Medidas: 100 x 100 cm

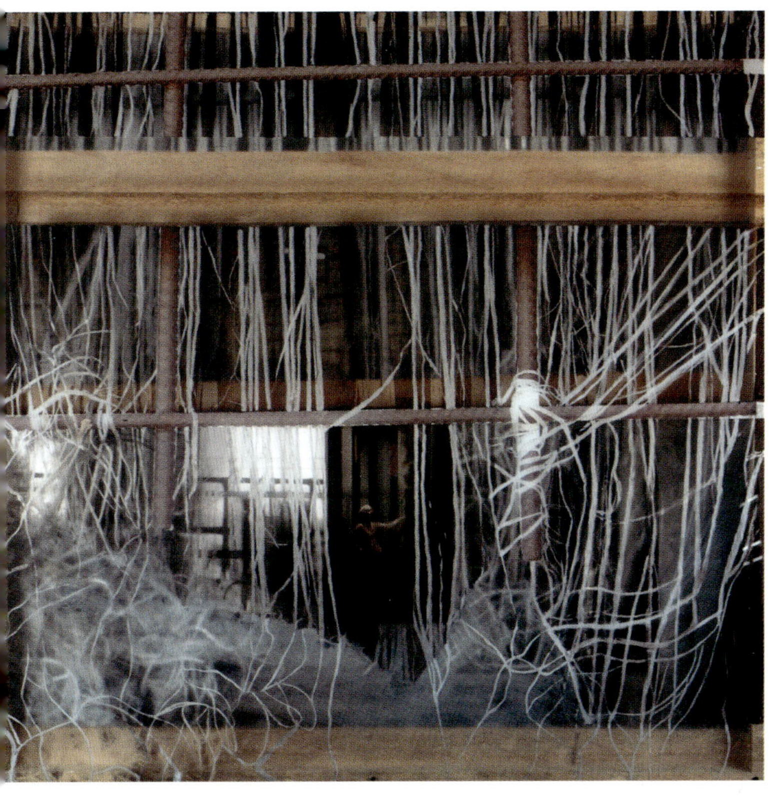

DETRÁS DE LA VENTANA
Técnica: mixta sobre tabla | Medidas: 100 x 100 cm

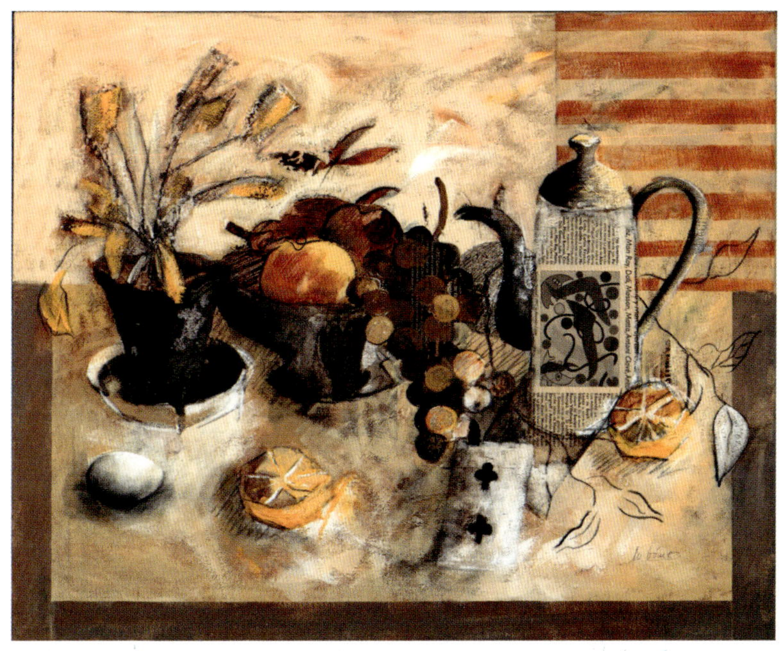

BODEGÓN CON CAFETERA
Técnica: mixta sobre tabla | Medidas: 60 x 70cm

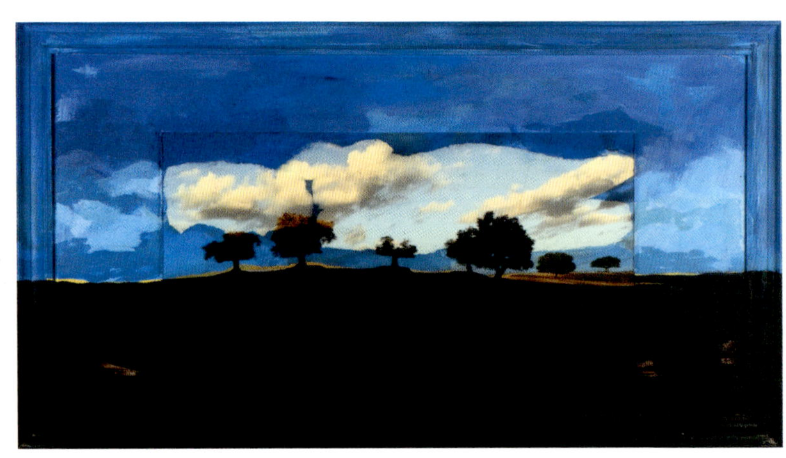

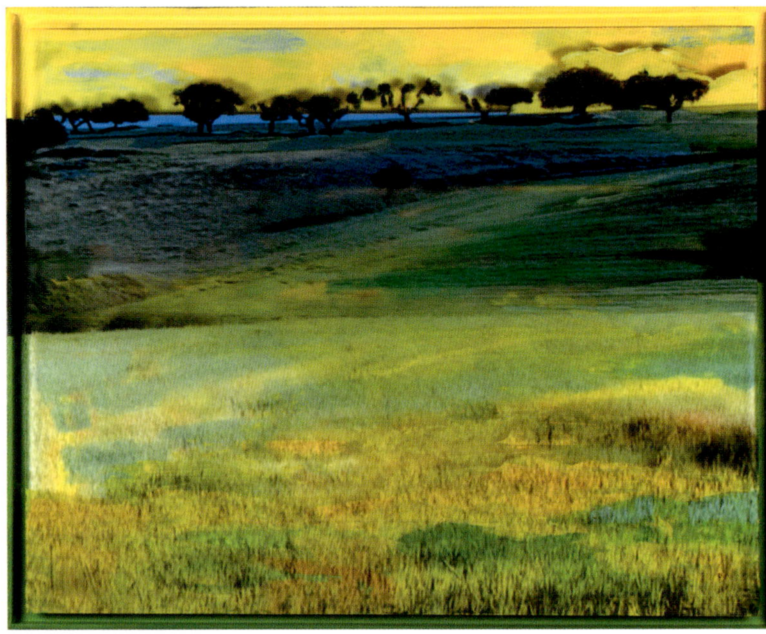

LUZ DE TARDE
Técnica: mixta sobre tabla | Medidas: 58 x 89 cm

MI PUEBLO I
Técnica: mixta sobre tabla | Medidas: 87 x 106 cm

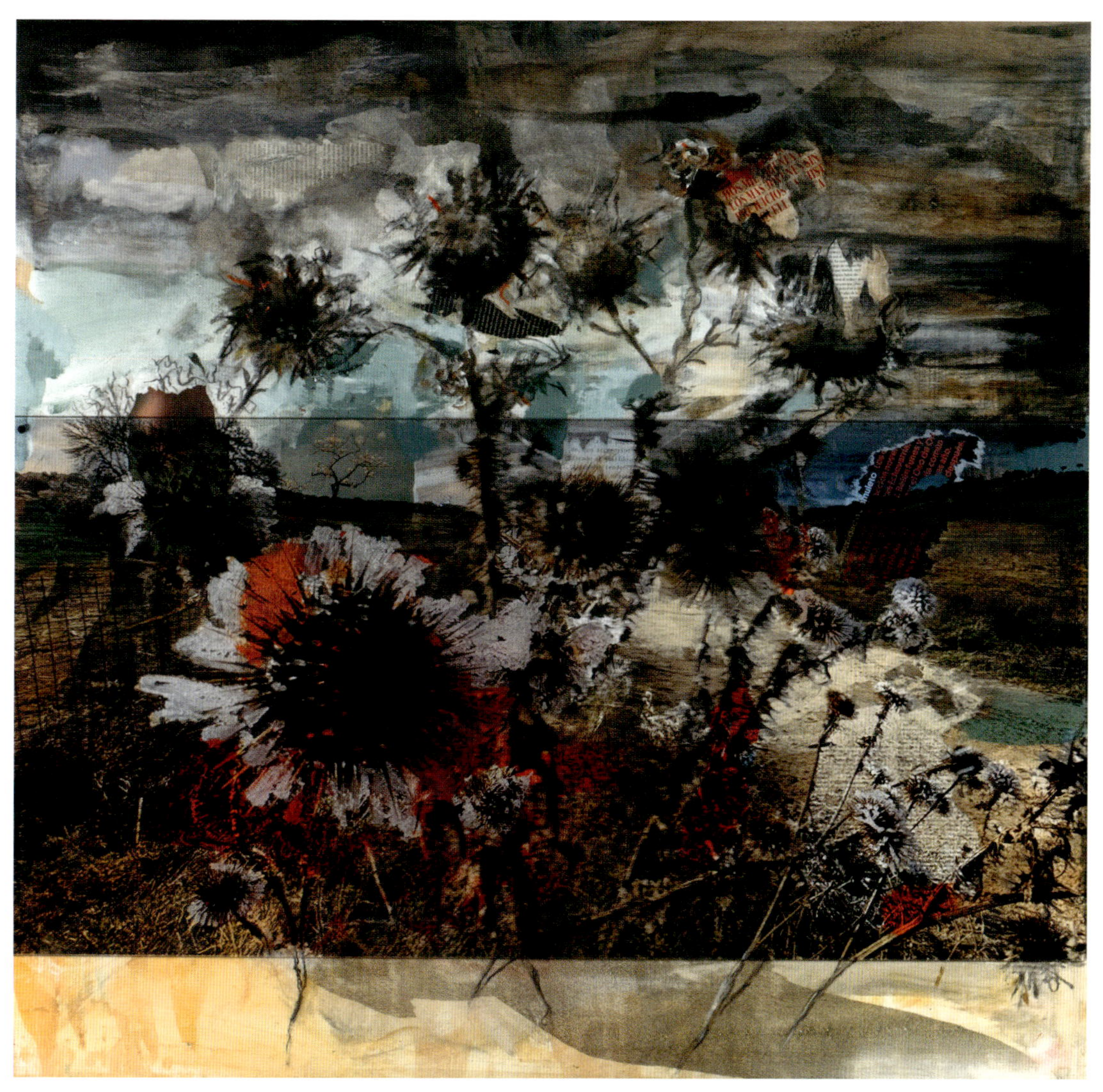

INVIERNO EN SAN MAMÉS
Técnica: mixta sobre tabla | Medidas: 100 x 100 cm

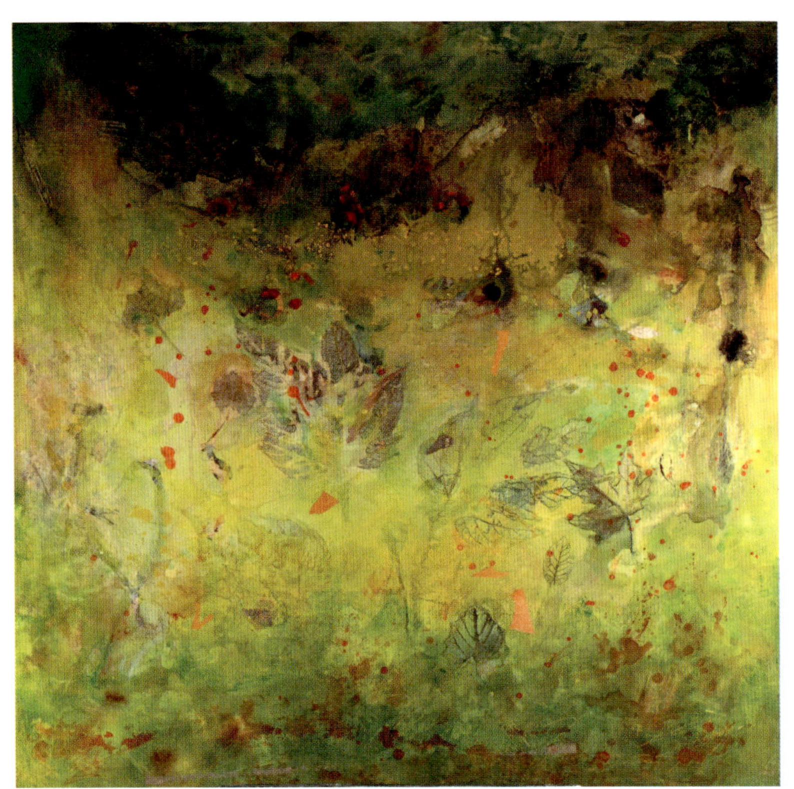

OTOÑO
Técnica: mixta sobre tabla | Medidas: 100 x 100 cm

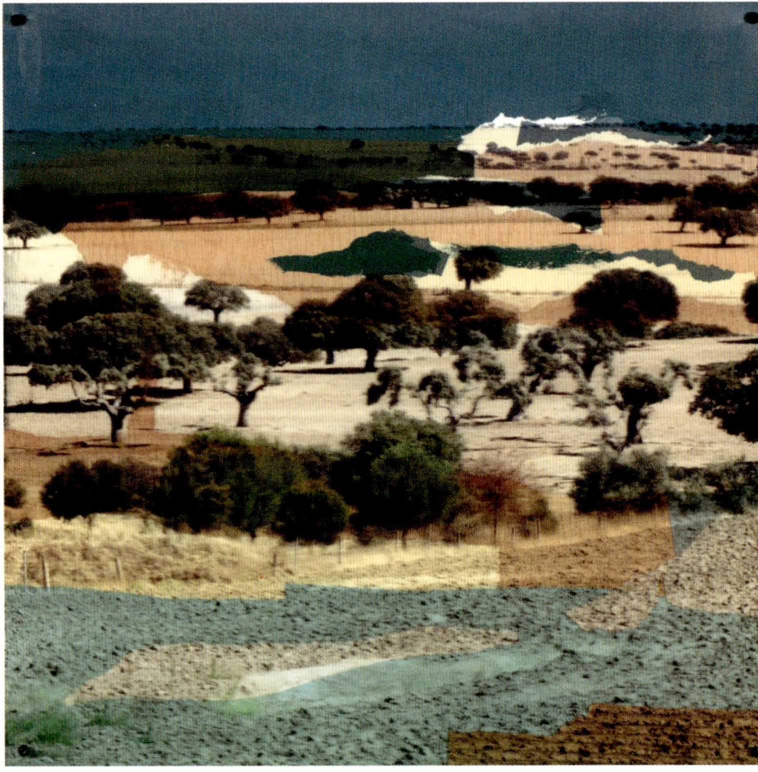

EN EL PASEO
Técnica: mixta sobre tabla | Medidas: 50 x 50 cm

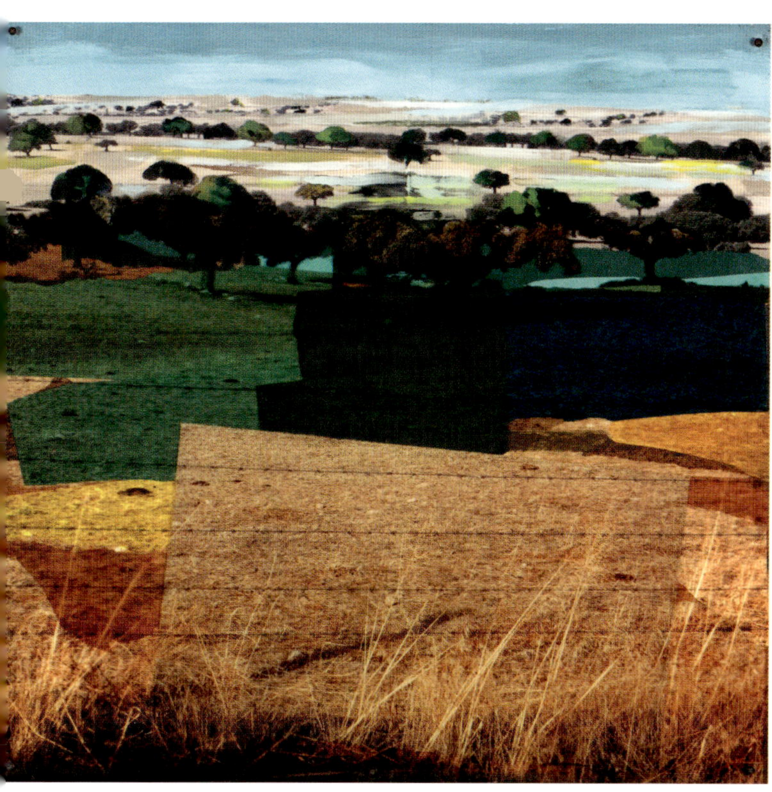

MI PUEBLO II
Técnica: mixta sobre tabla | Medidas: 50 x 50 cm

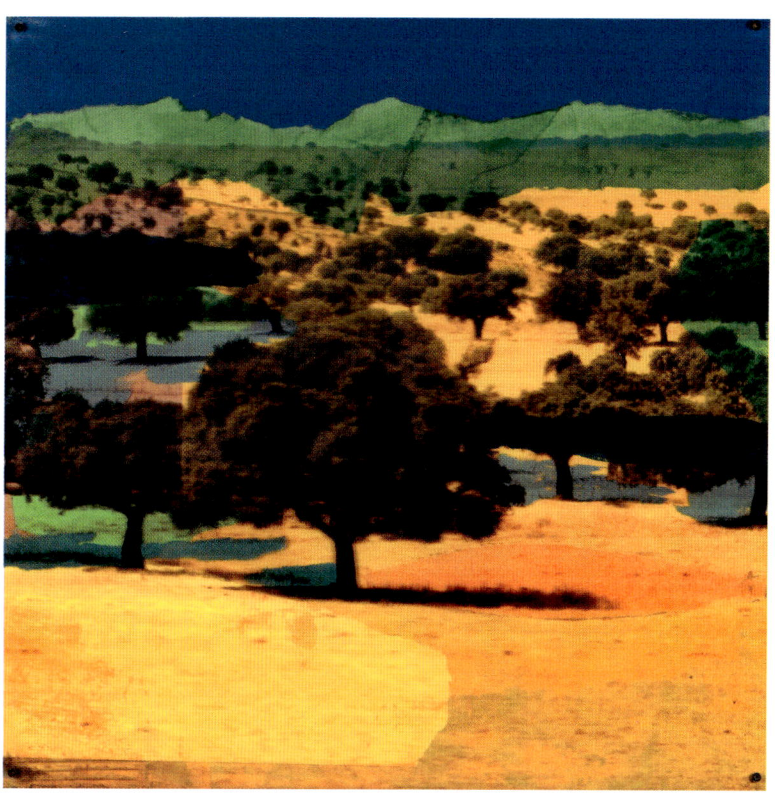

MI PUEBLO III
Técnica: mixta sobre tabla | Medidas: 50 x 50 cm

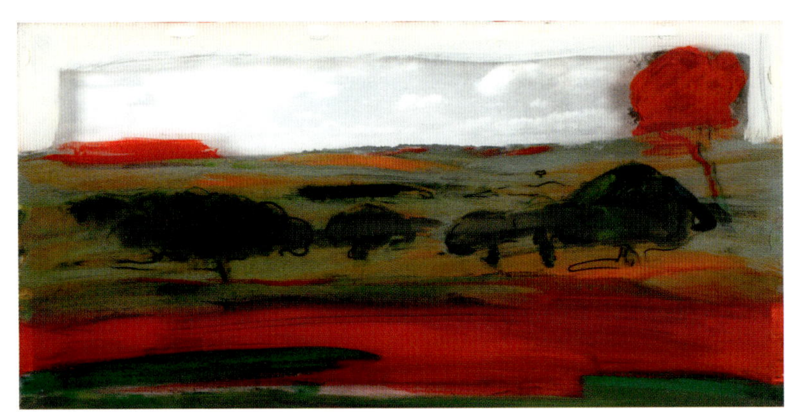

MI PUEBLO V
Técnica: mixta sobre tabla | Medidas: 36 x 66 cm

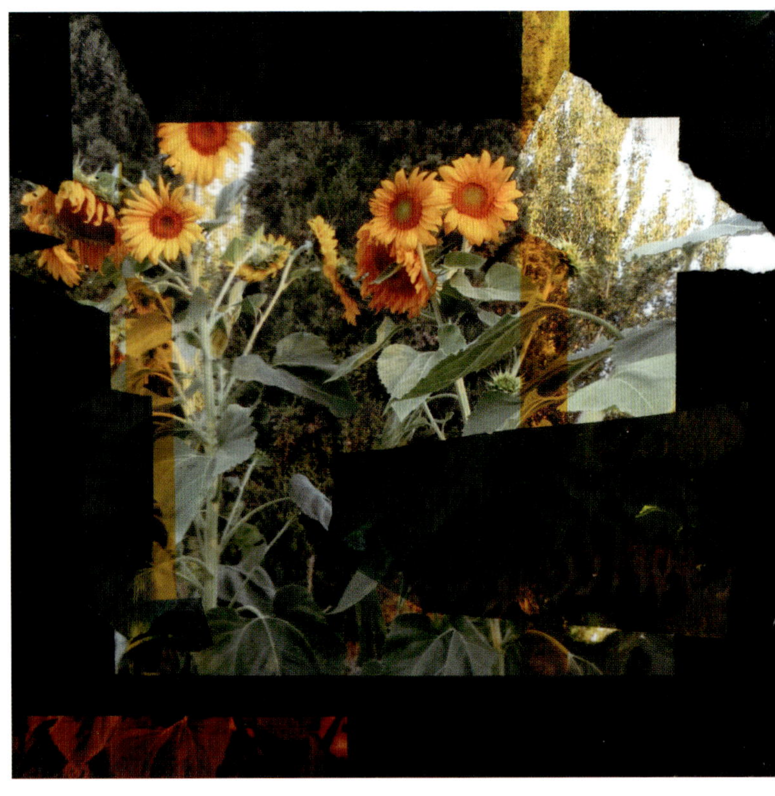

GIRASOLES
Técnica: mixta sobre tabla | Medidas: 50 x 50 cm

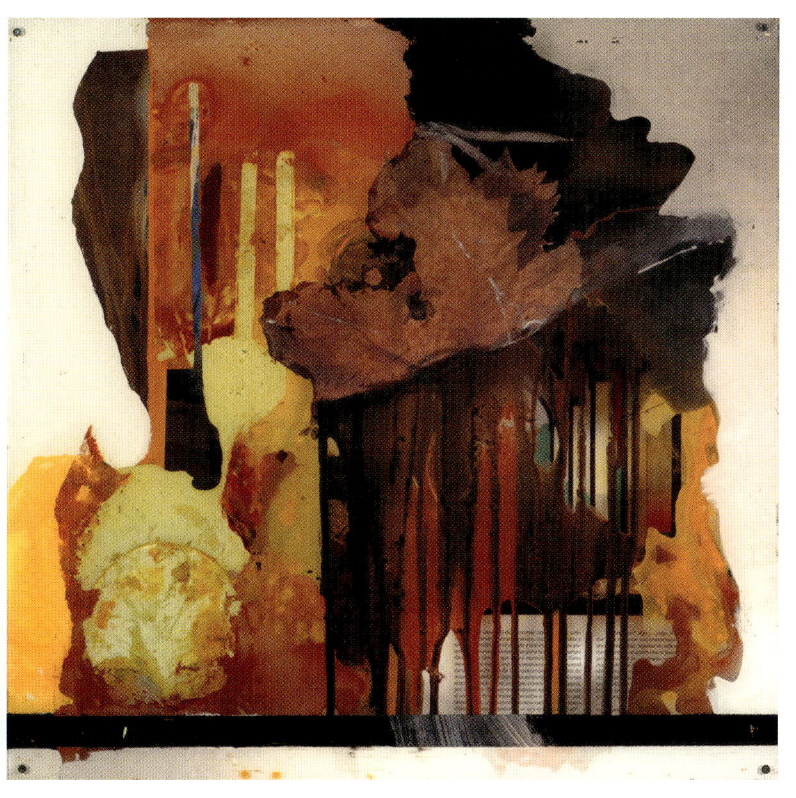

EL PASO DEL TIEMPO I
Técnica: mixta sobre tabla | Medidas: 50 x 50 cm

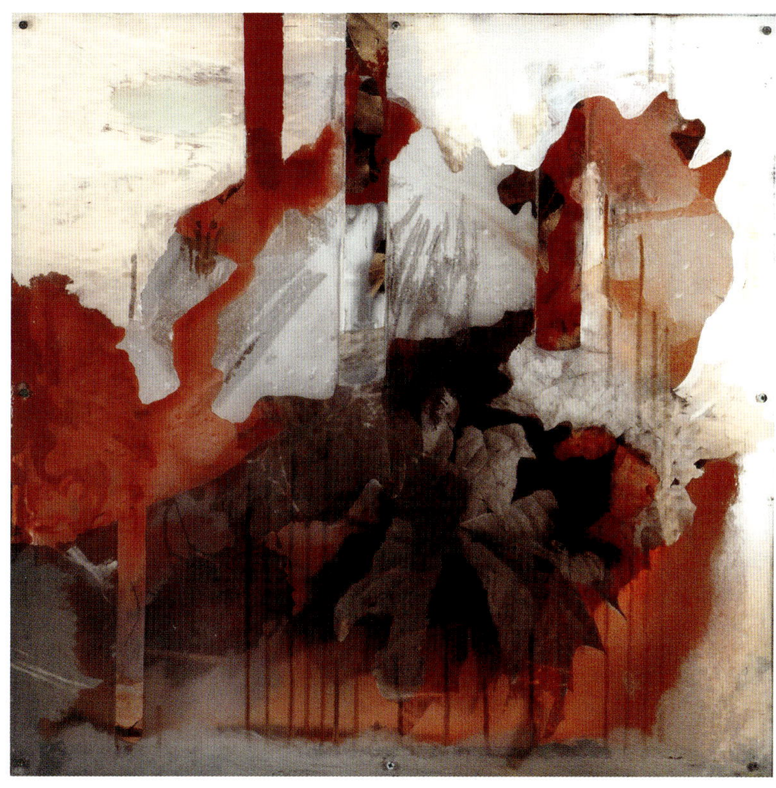

EL PASO DEL TIEMPO II
Técnica: mixta sobre tabla | Medidas: 50 x 50 cm

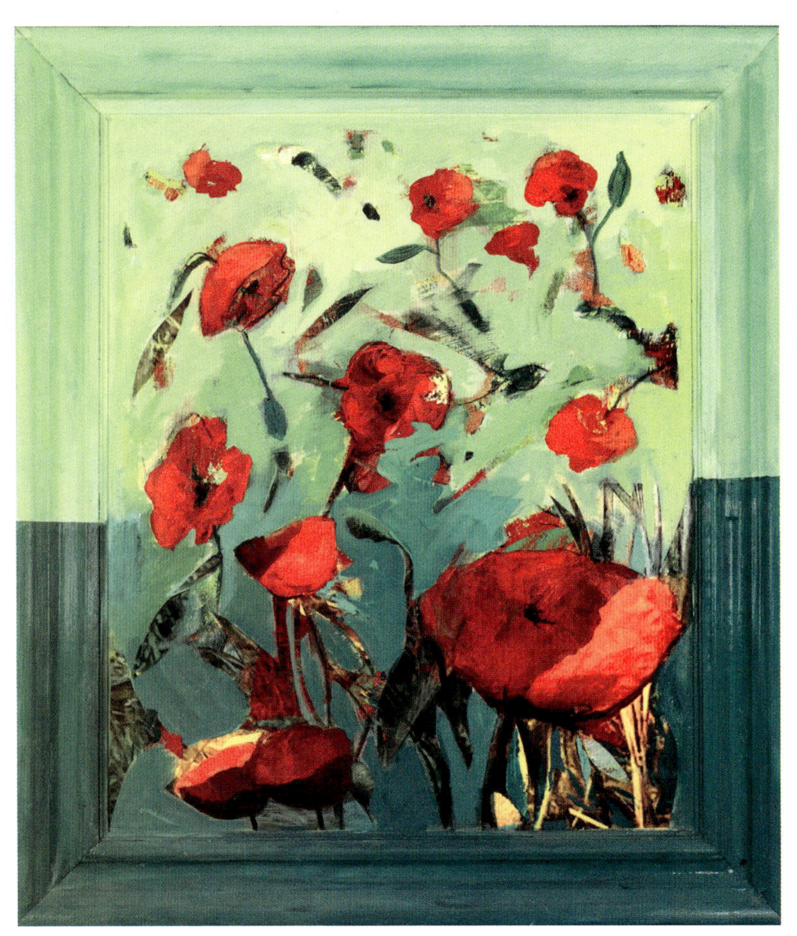

AMAPOLAS II
Técnica: mixta sobre tabla | Medidas: 78 x 68 cm

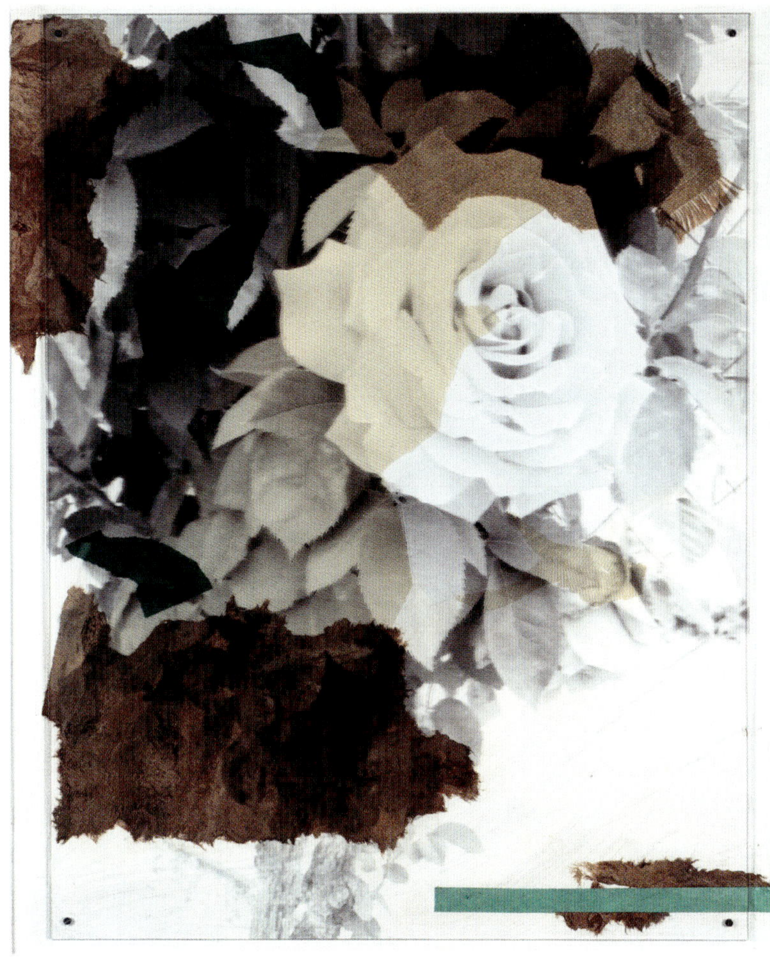

DEL JARDÍN
Técnica: mixta sobre tabla | Medidas: 62 x 99 cm

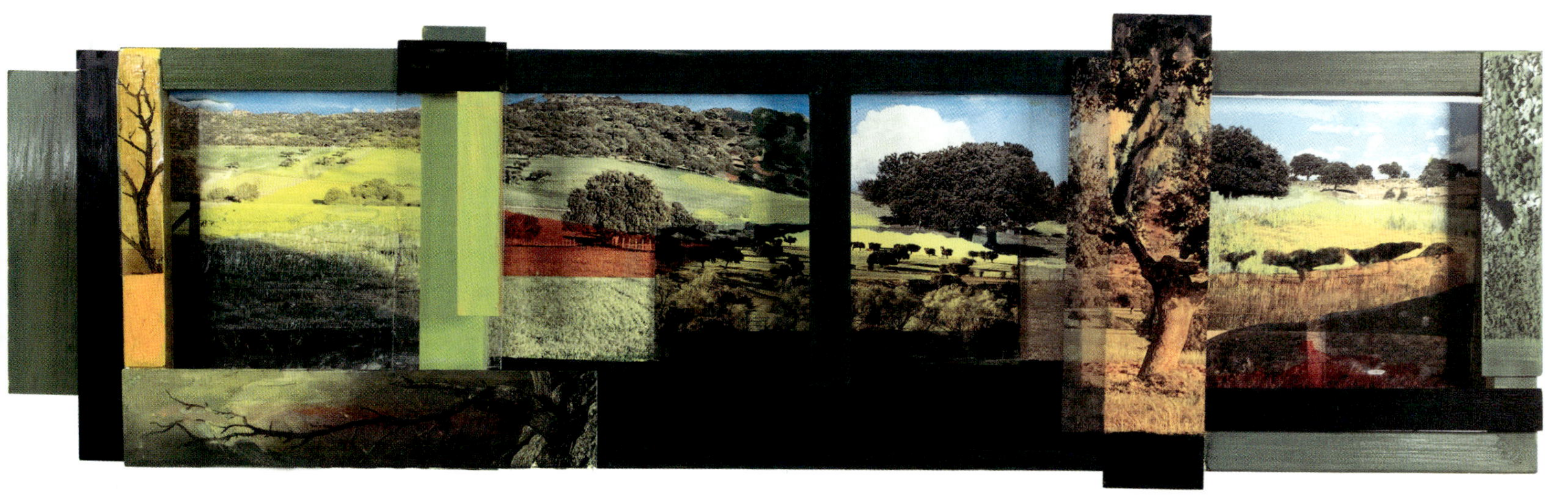

DESDE MI VENTANA
Técnica: mixta sobre aluminio | Medidas: 30 x 110 cm

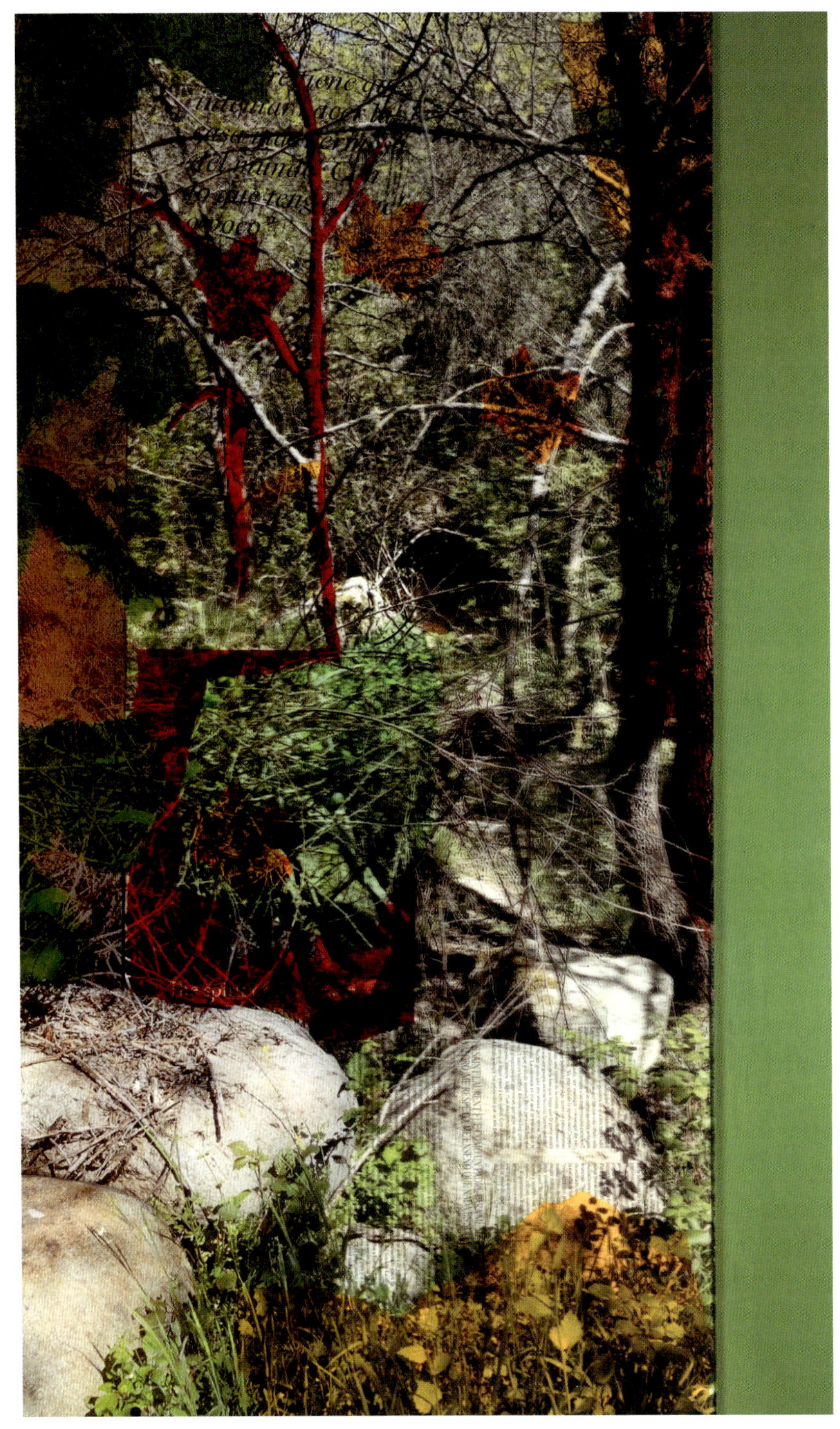

PRIMAVERA EN EL BERROCAL
Técnica: mixta sobre tabla | Medidas: 100 x 50 cm

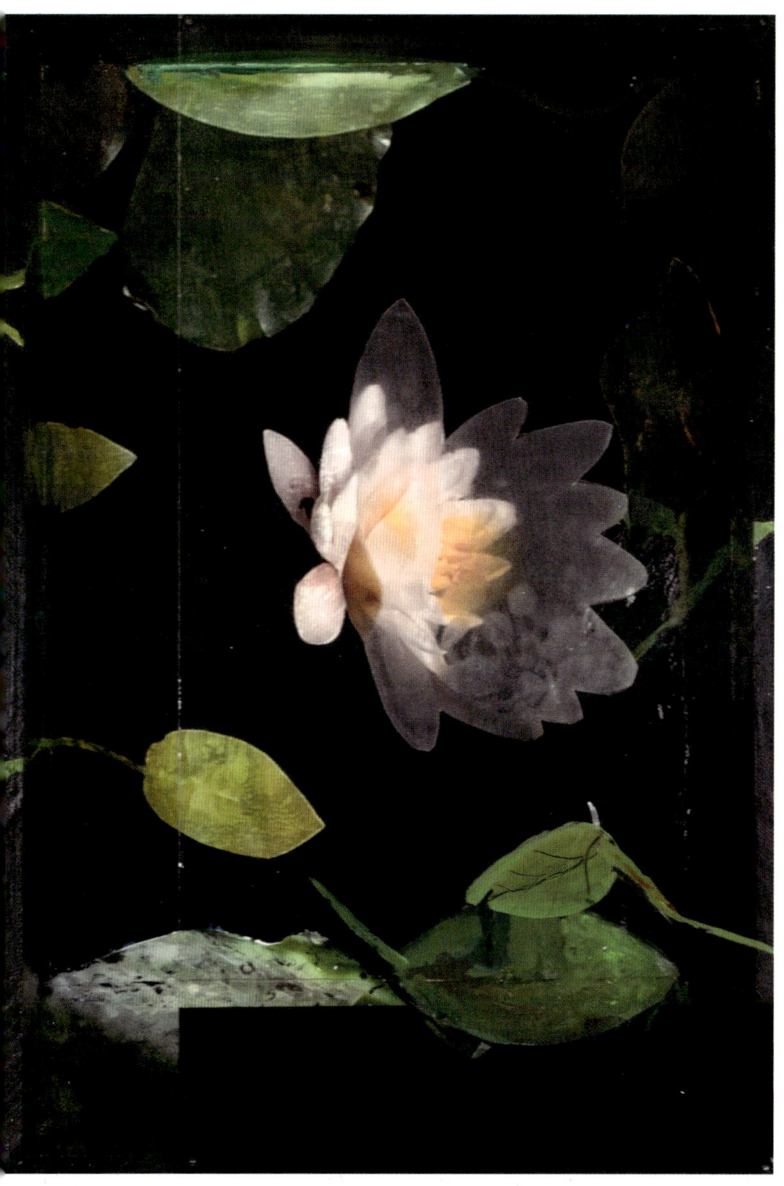

NENÚFARES I
Técnica: mixta en cajas recicladas | Medidas: 50 x 32 cm

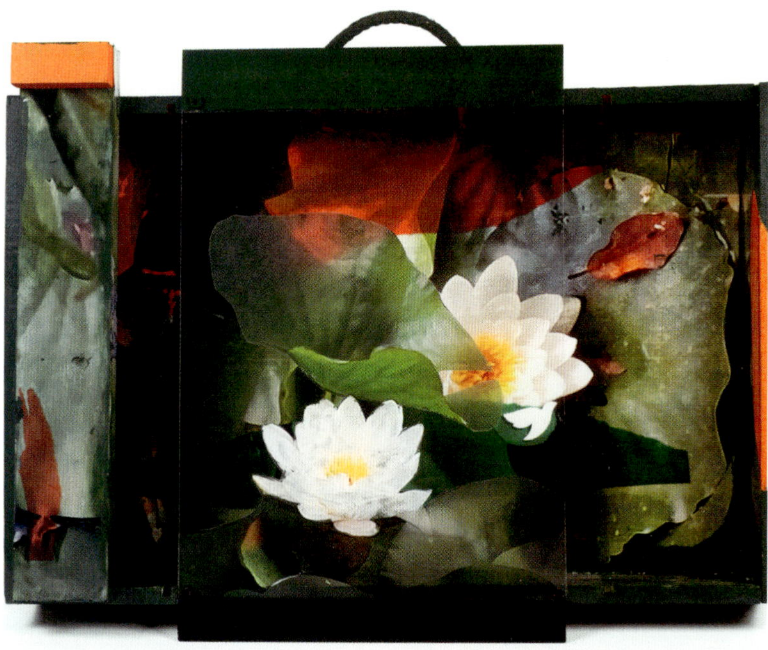

NENÚFARES II
Técnica: mixta en cajas recicladas | Medidas: 32 x 42 cm

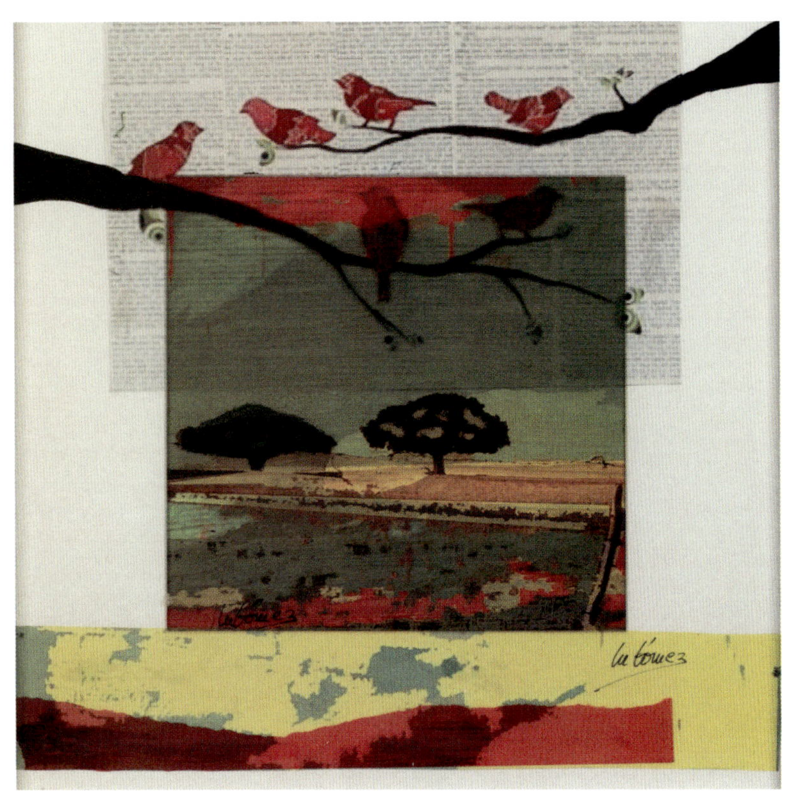

EL CANTO DE LOS PÁJAROS
Técnica: mixta sobre tabla | Medidas: 32 x 32 cm

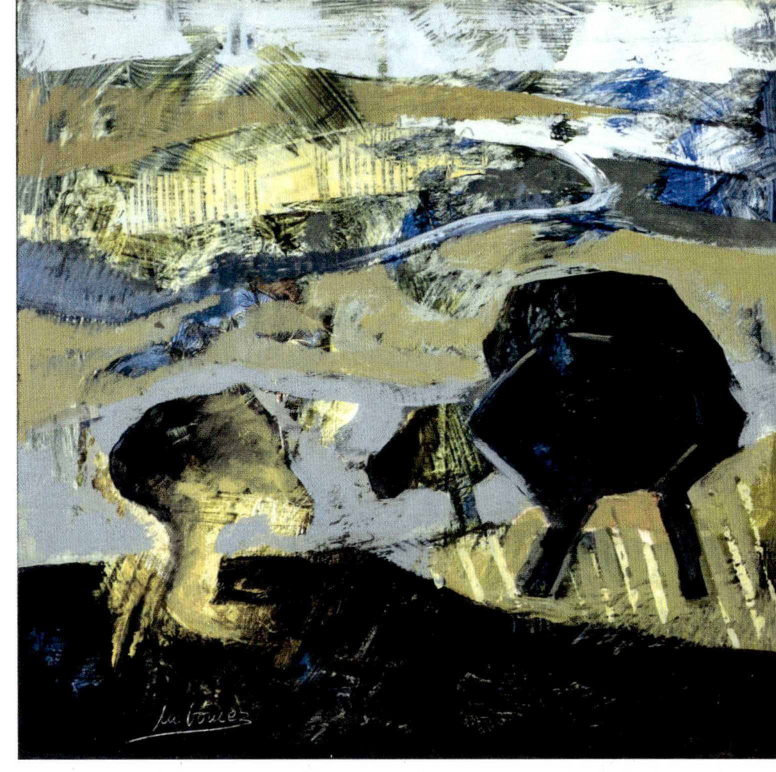

MI PUEBLO VII
Técnica: mixta sobre tabla | Medidas: 30 x 30 cm

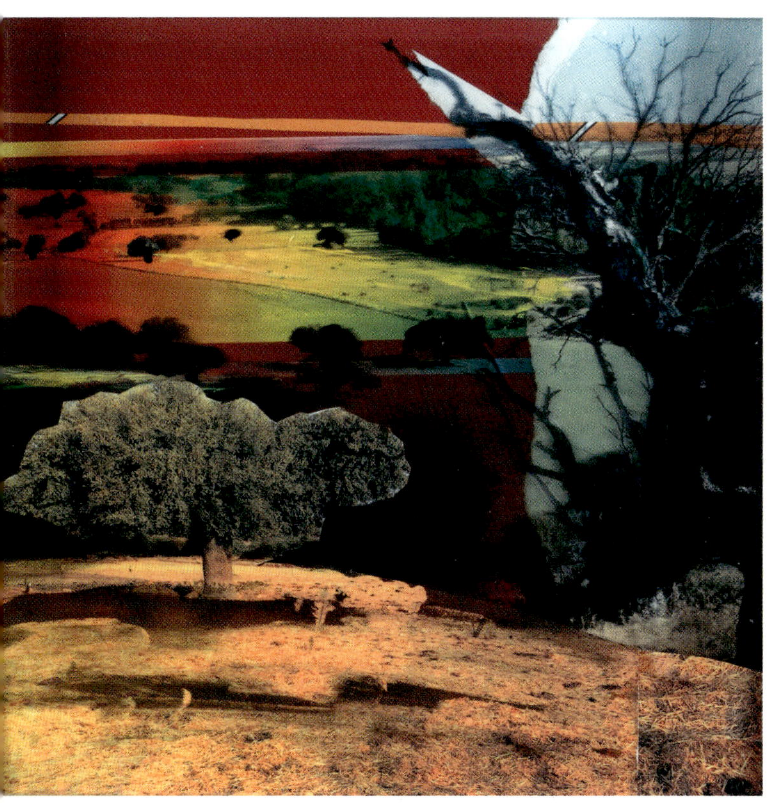

CAMPOS
Técnica: mixta en cajas recicladas | Medidas: 27 x 27 cm

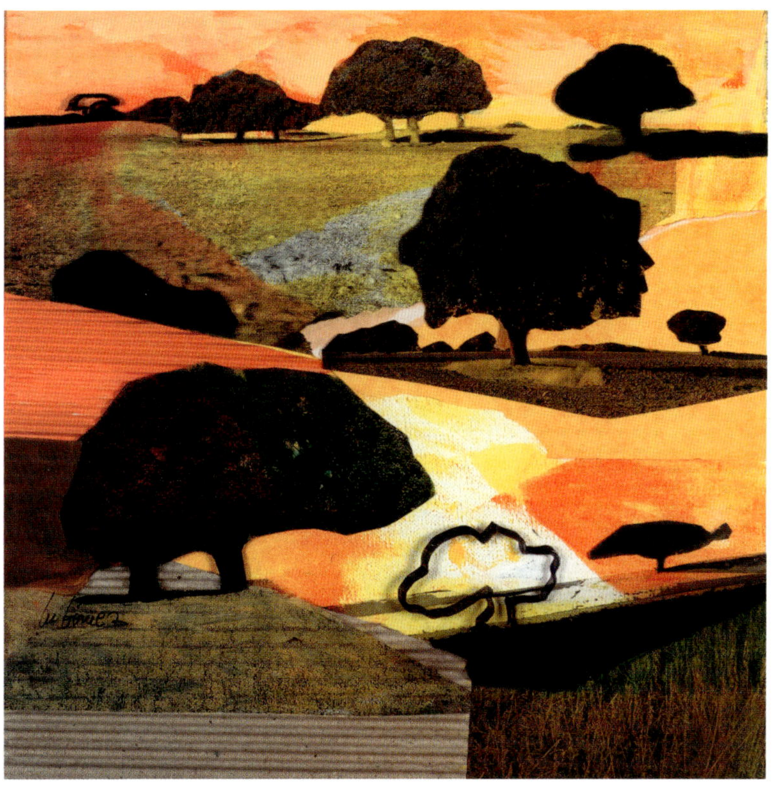

PRIMAVERA 2025
Técnica: mixta sobre tabla | Medidas: 35 x 35 cm

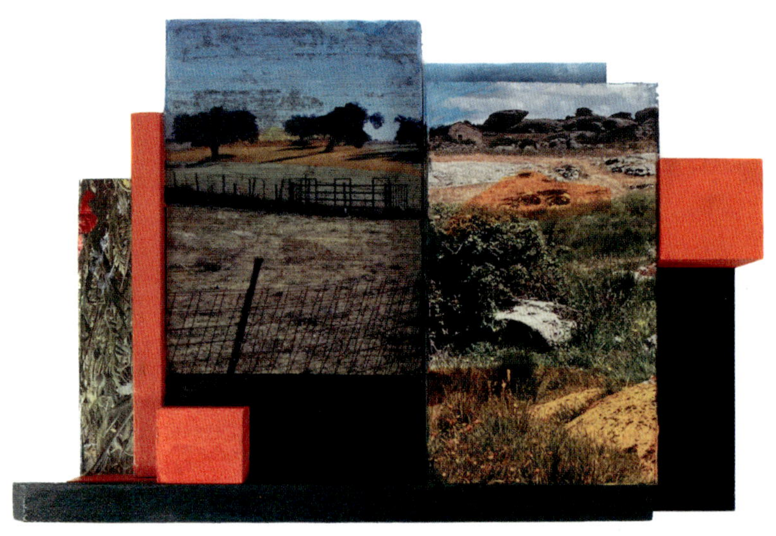

MI PUEBLO VIII
Técnica: mixta sobre tabla | Medidas: 28 x 40 cm

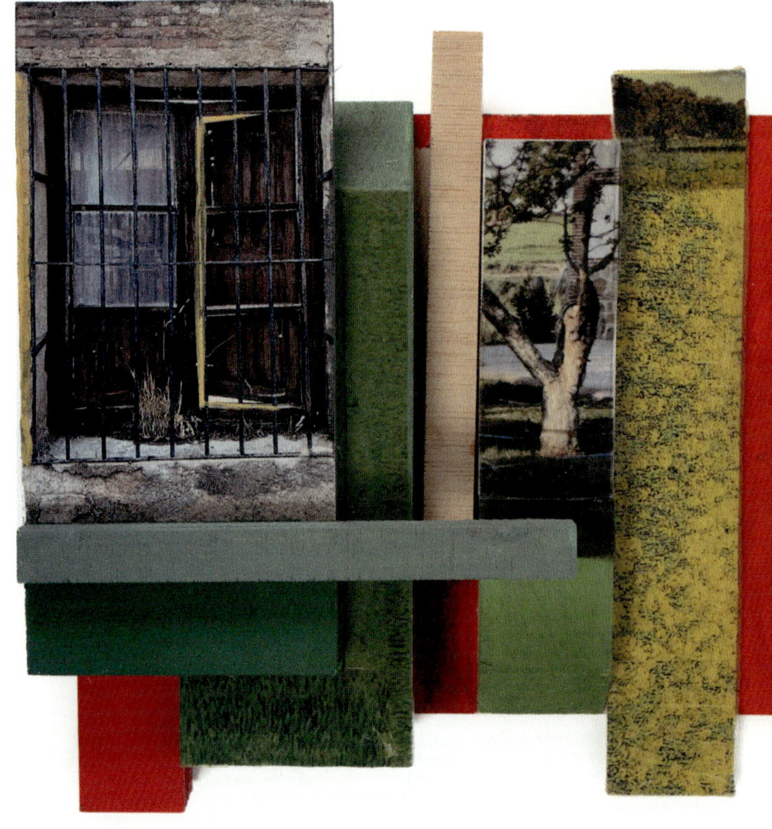

COMPOSICIÓN III
Técnica: mixta sobre tabla | Medidas: 24 x 27 cm

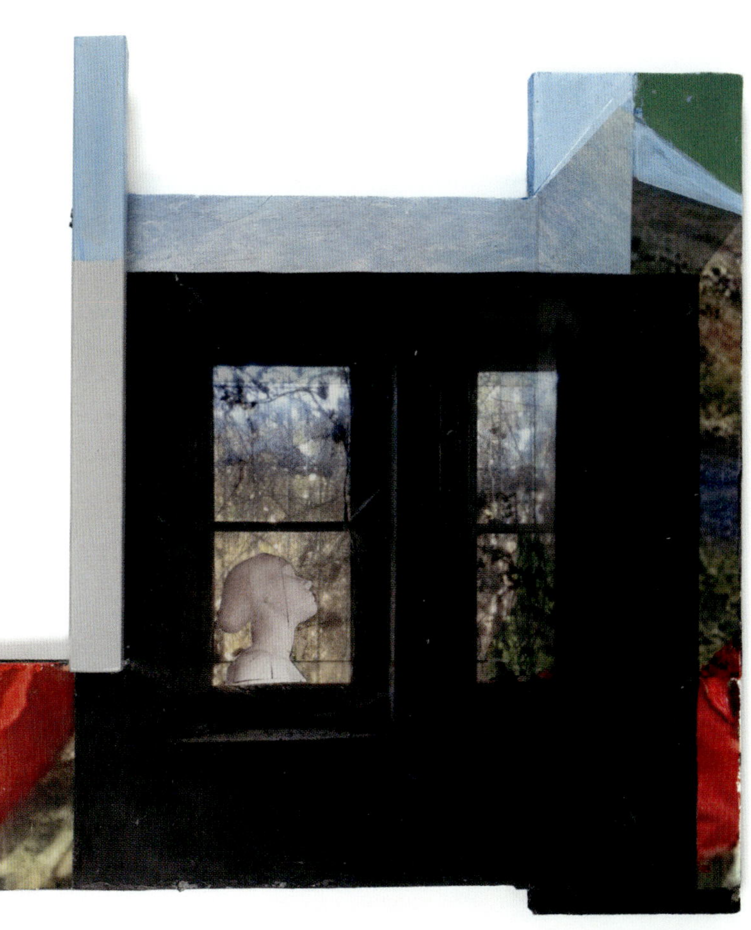

PENSANDO
Técnica: mixta sobre tabla | Medidas: 25 x 28 cm

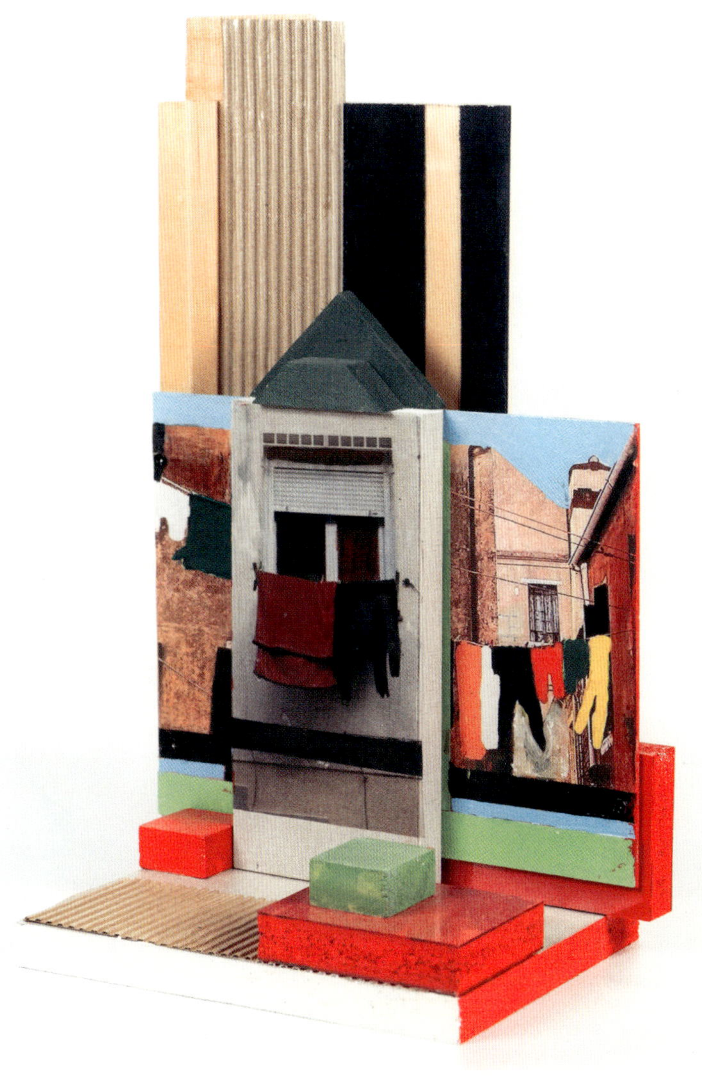

LA ROPA AL AIRE
Técnica: mixta sobre tabla | Medidas: 40 x 26 cm

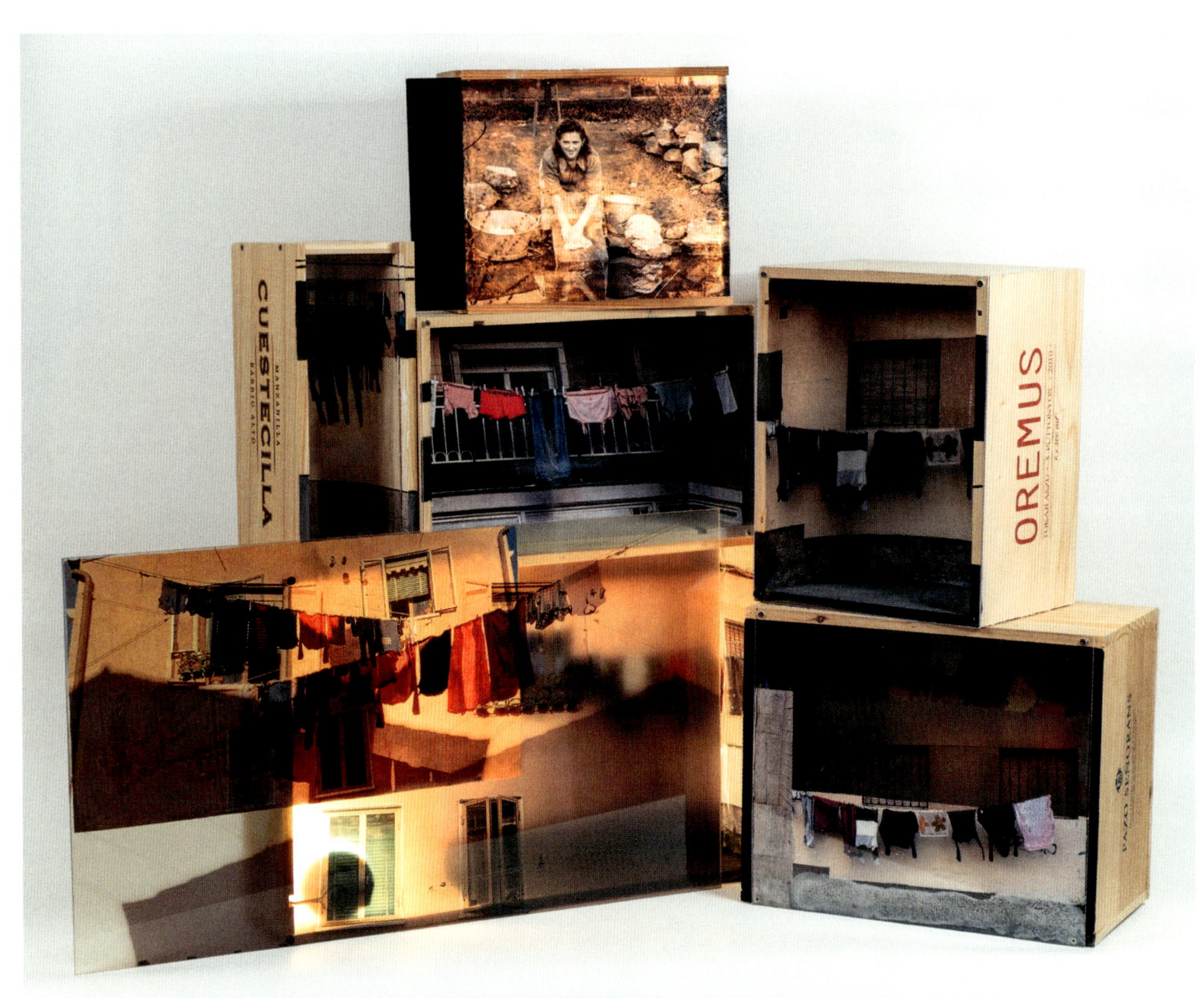

EL PASO DEL TIEMPO
Técnica: instalación en cajas recicladas | Medidas: libre

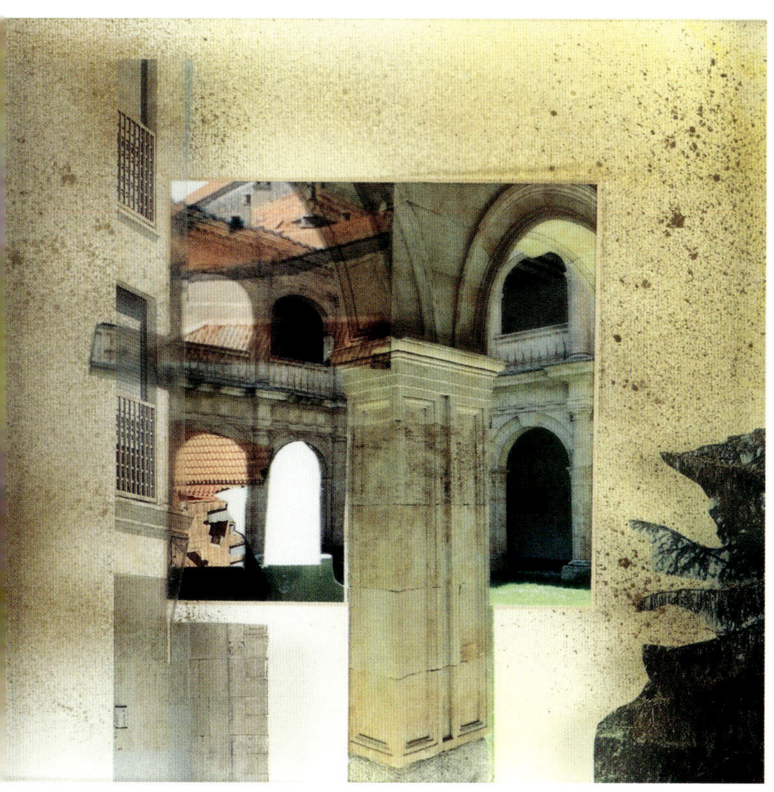

SALAMANCA I. PATIO FONSECA
Técnica: mixta sobre tabla | Medidas: 25 x 25 cm

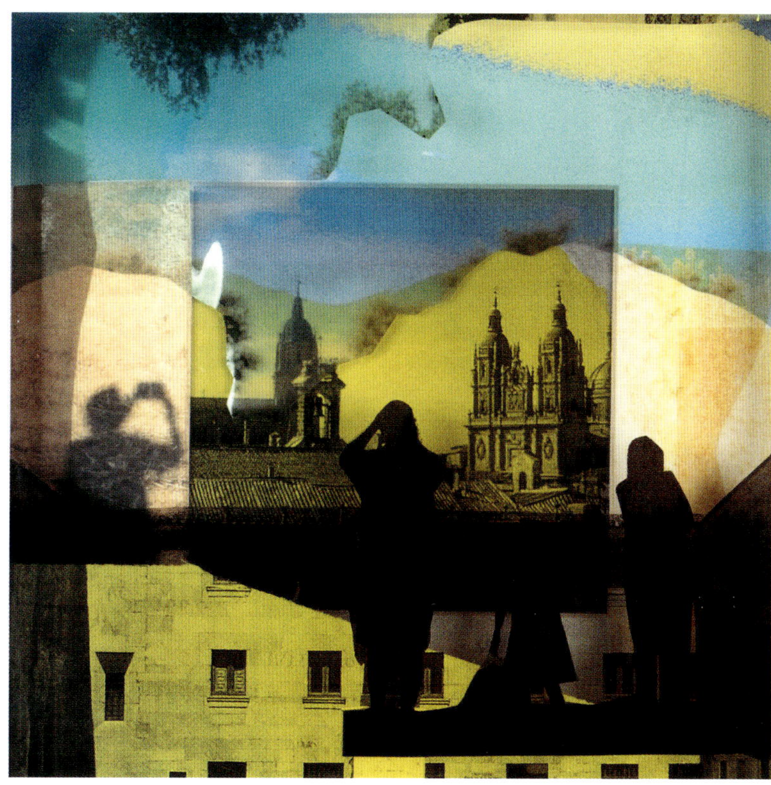

SALAMANCA III
Técnica: mixta sobre tabla | Medidas: 25 x 25 cm

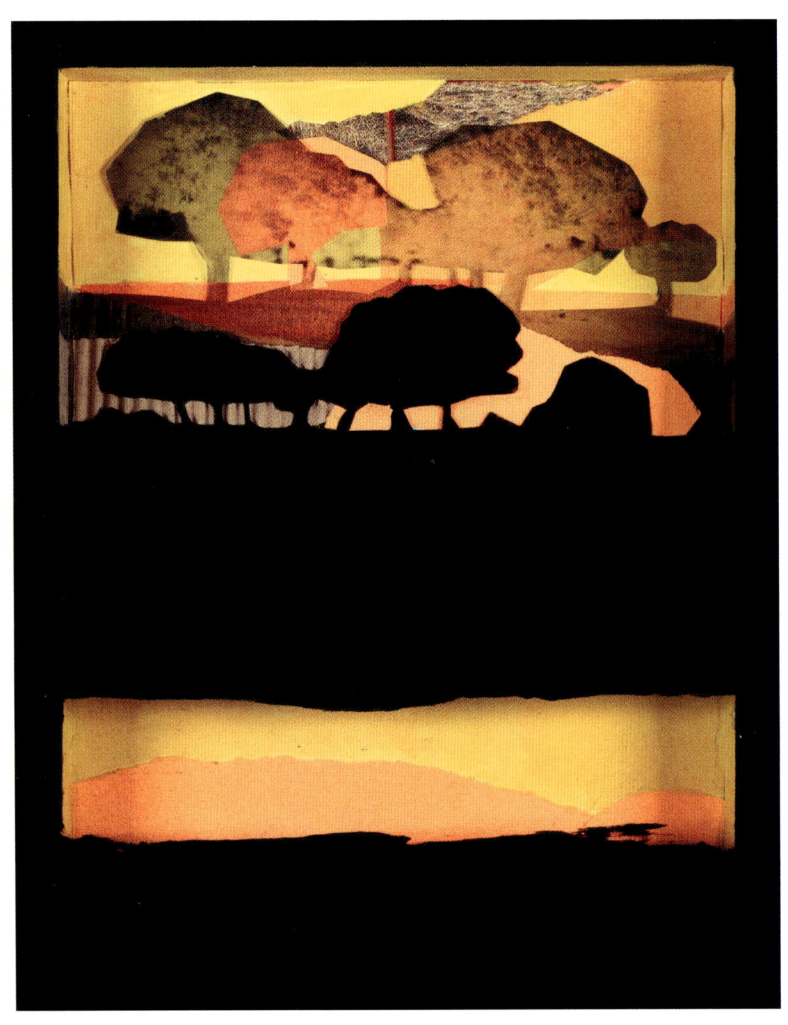

INVIERNO
Técnica: mixta | Medidas: 39 x 30 cm

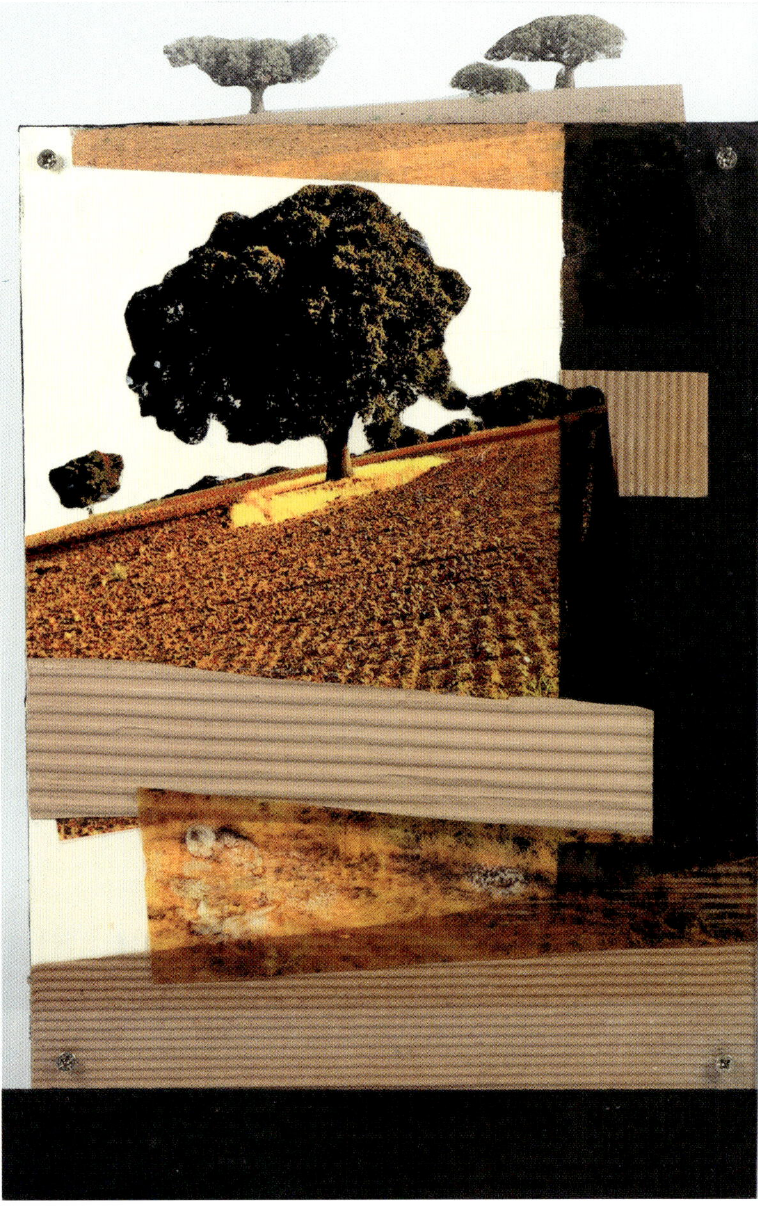

PAISAJE DE ENCINAS I
Técnica: mixta sobre tabla | Medidas: 40 x 25 cm

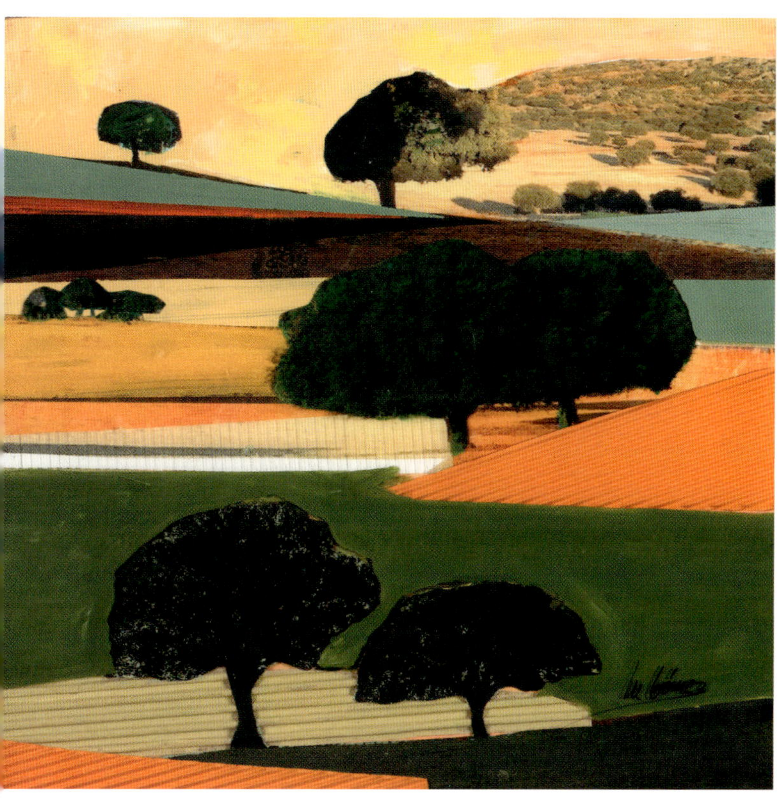

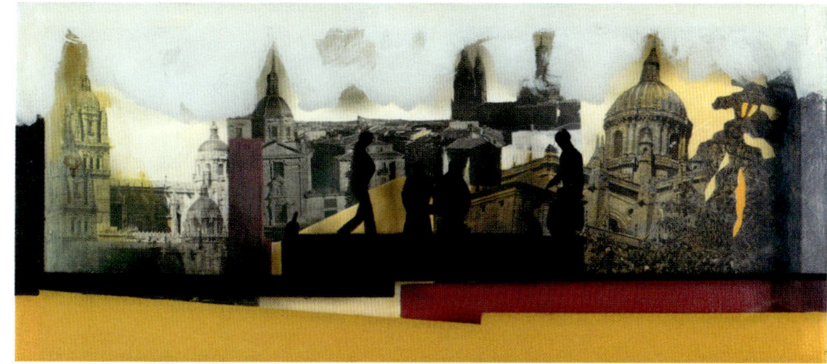

CAMINO DEL CRISTO
Técnica: mixta sobre tabla | Medidas: 32 x 32 cm

SALAMANCA III
Técnica: mixta sobre tabla | Medidas: 26,30 x 59,30 cm

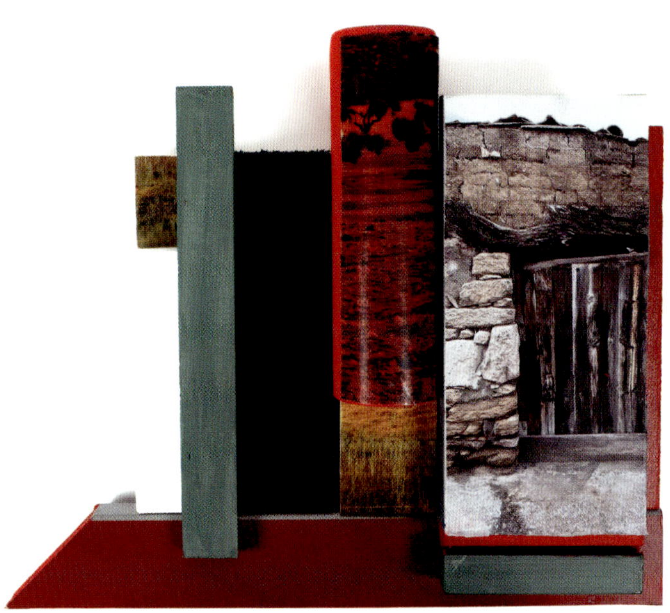

EL PASO DEL TIEMPO V
Técnica: mixta sobre tabla | Medidas: 23 x 25 cm

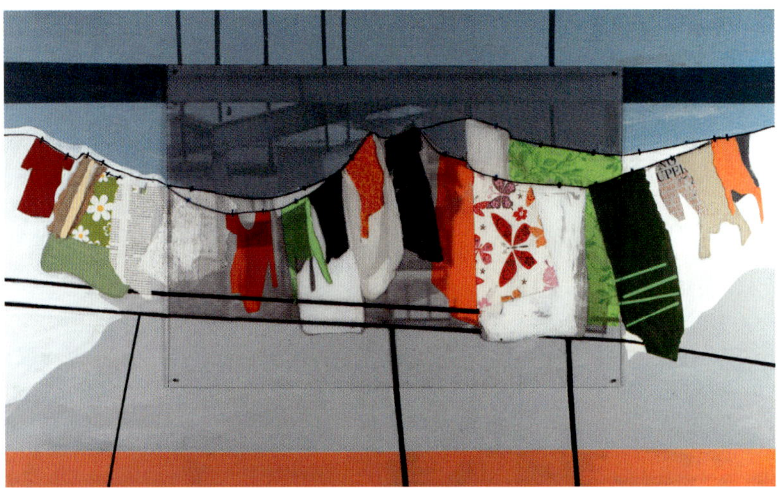

DESDE EL BALCÓN DE JUANJO
Técnica: mixta sobre tabla | Medidas: 75 x 120 cm

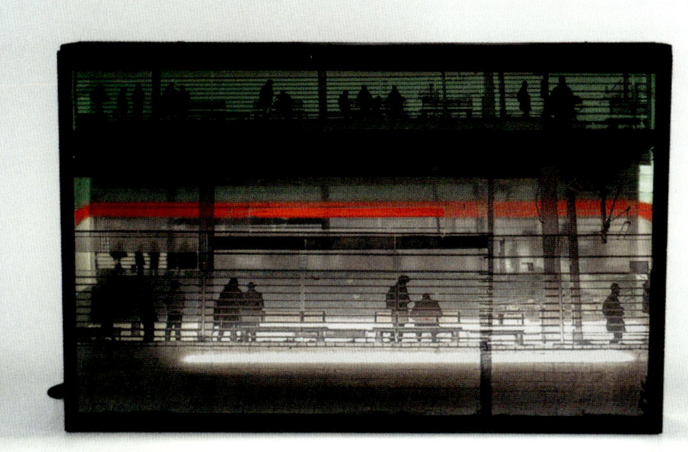

ESPERANDO
Técnica: mixta en caja reciclada | Medidas: 32 x 50 cm

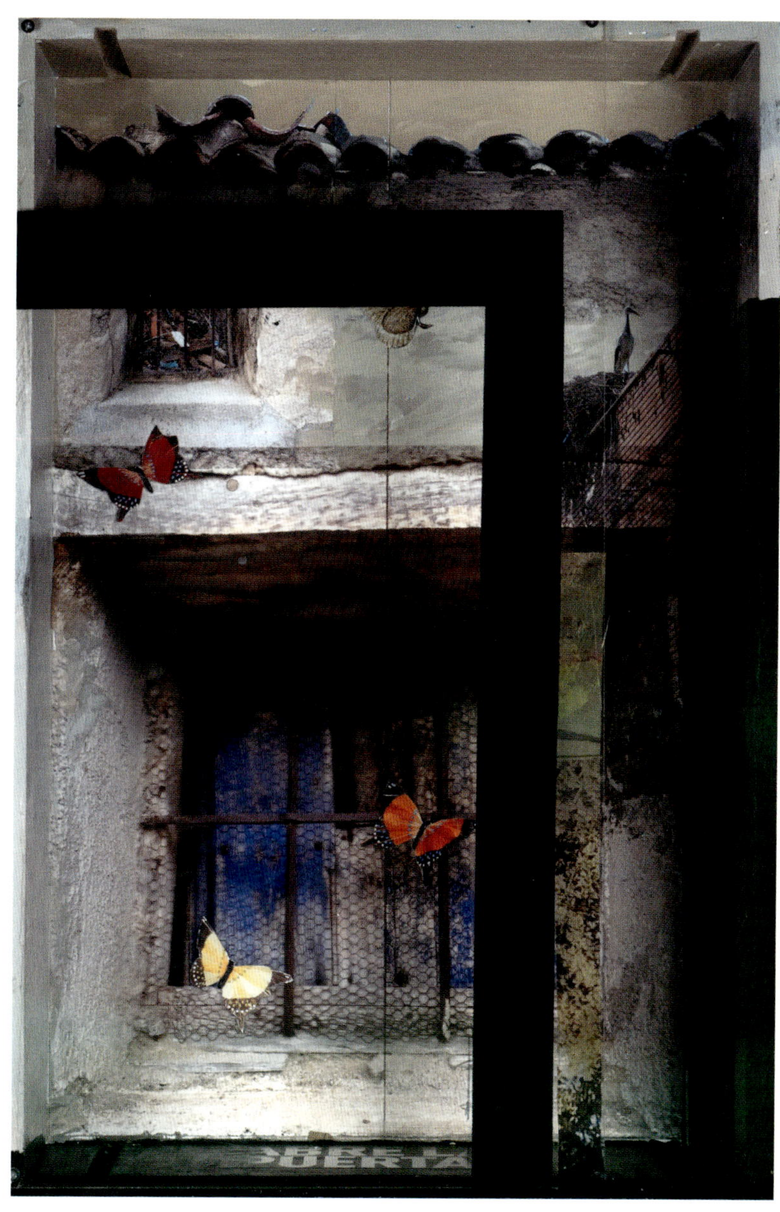

ABRE LA PUERTA
Técnica: mixta en cajas recicladas | Medidas: 50 x 32 cm

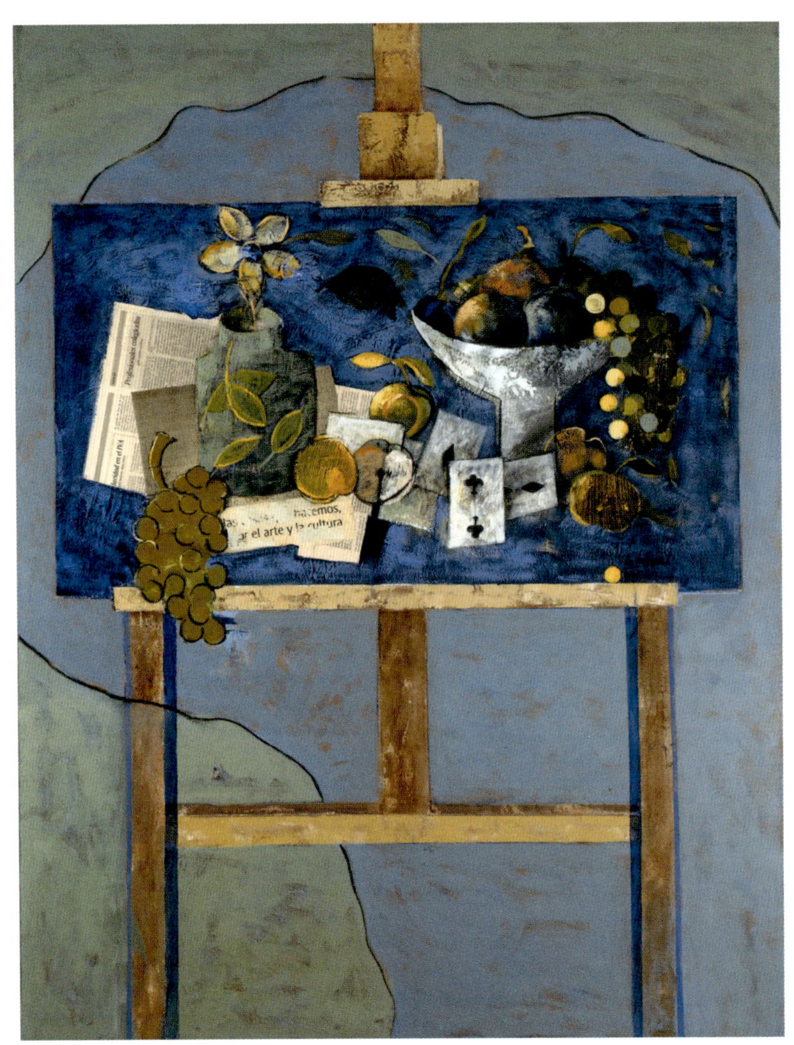

EN EL CABALLETE
Técnica: mixta sobre lienzo | Medidas: 130 x 97 cm

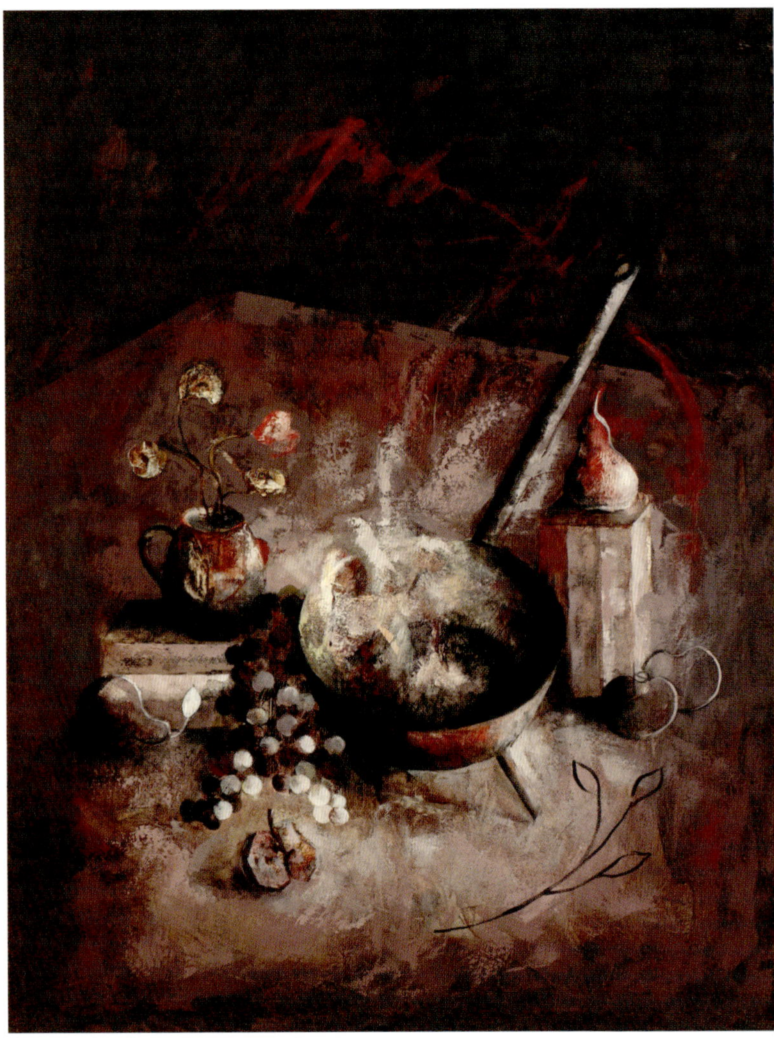

LA HUELLA DEL TIEMPO
Técnica: mixta sobre lienzo | Medidas: 130 x 97 cm

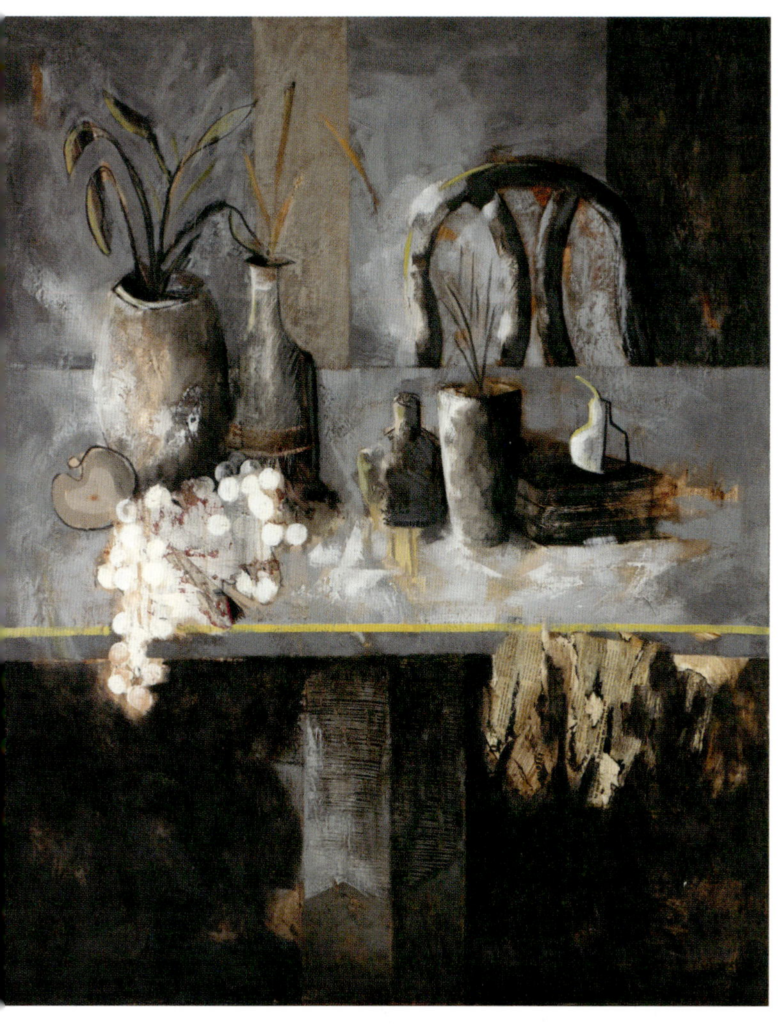

ESPERANDO
Técnica: mixta sobre lienzo | Medidas: 116 x 98 cm

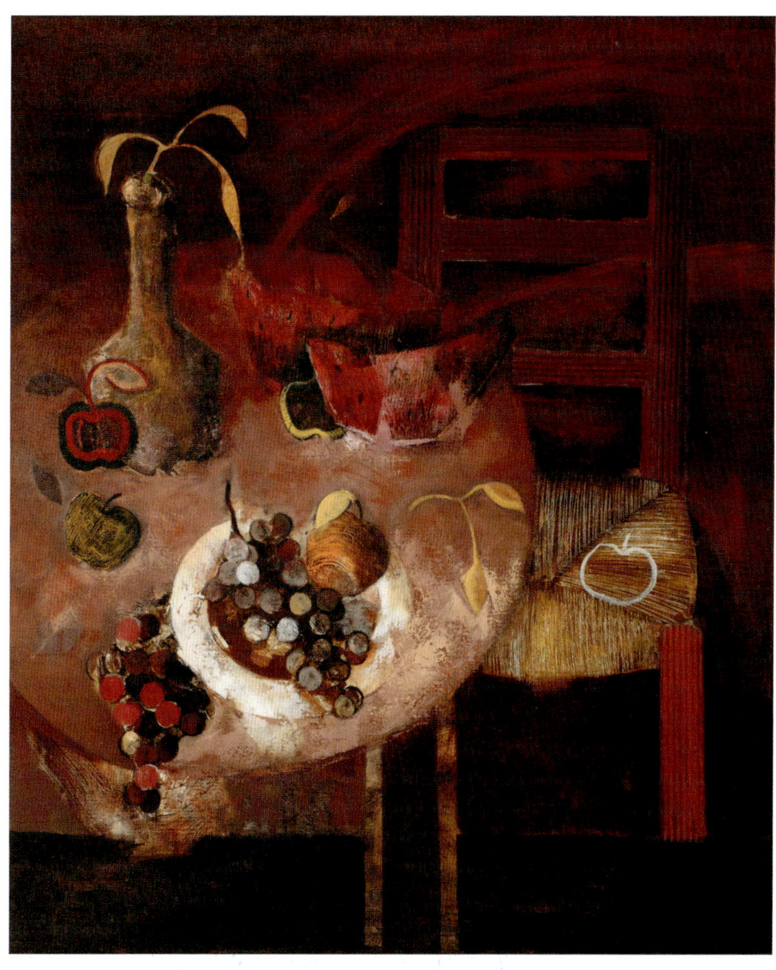

COMPOSICIÓN CON SILLA
Técnica: mixta sobre lienzo | Medidas: 100 x 81 cm

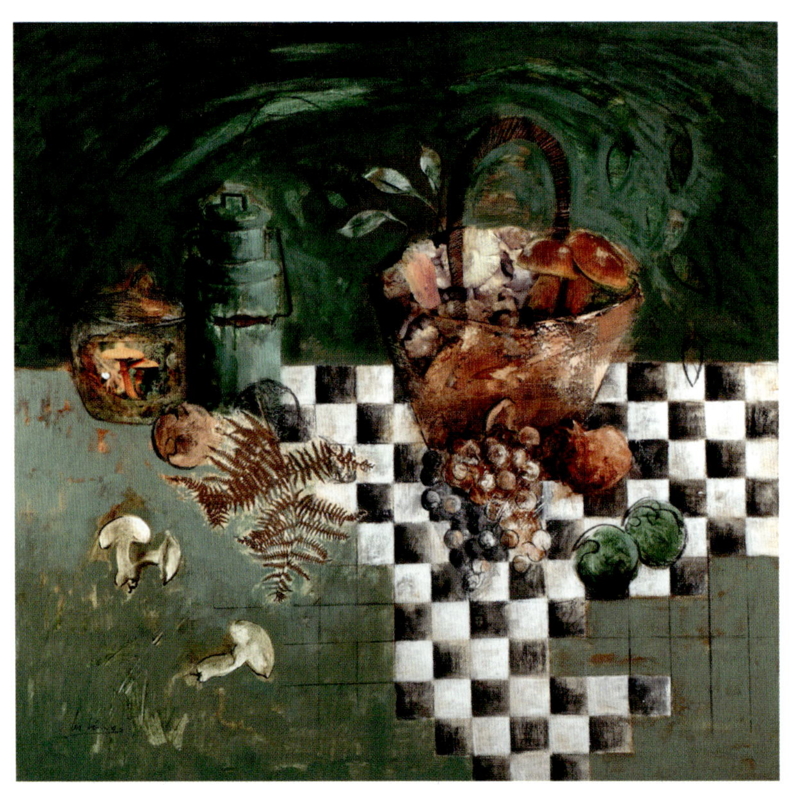

EN OTOÑO I
Técnica: mixta sobre lienzo | Medidas: 100 x 100 cm

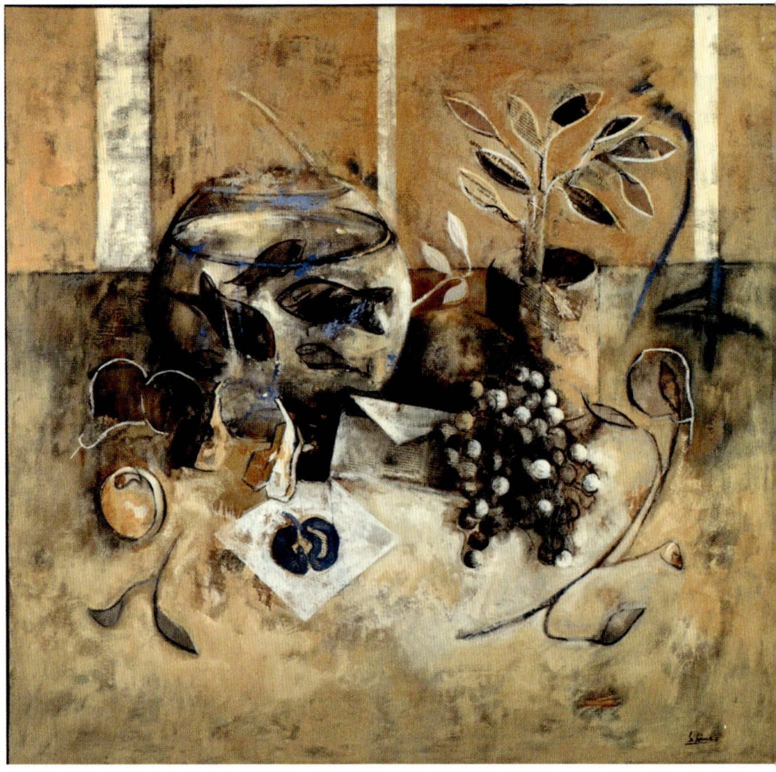

BODEGÓN CON PECES
Técnica: mixta sobre lienzo | Medidas: 100 x 100 cm

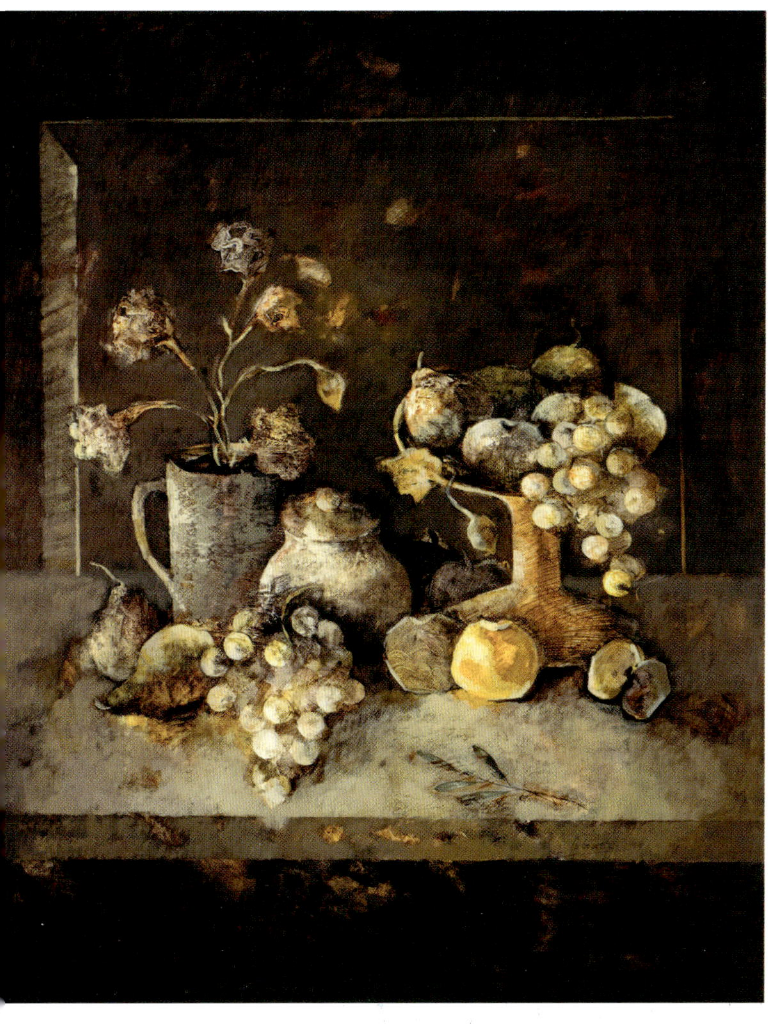

EN OTOÑO II
Técnica: mixta sobre tabla | Medidas: 116 x 89 cm

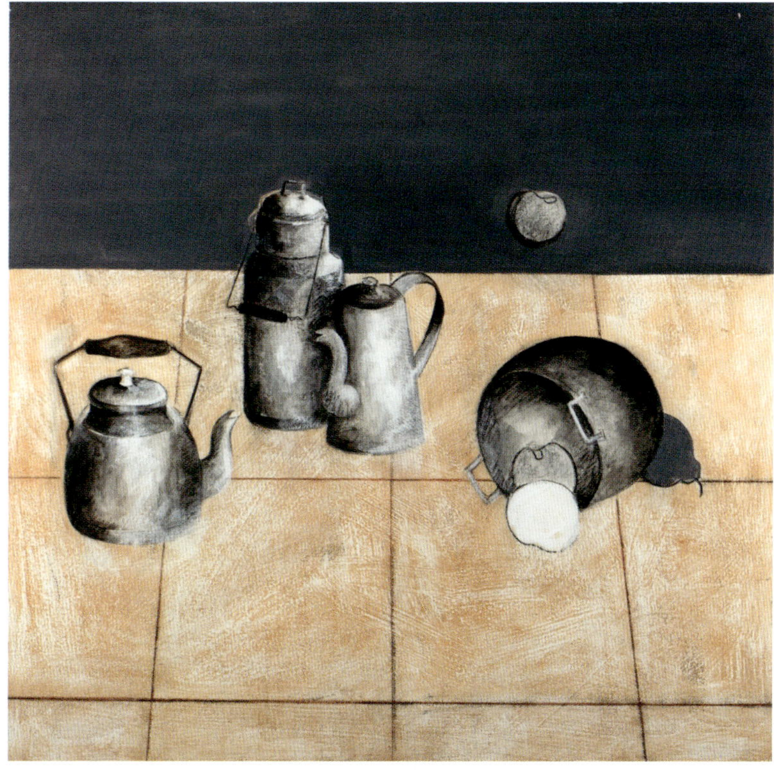

CACHARROS II
Técnica: mixta sobre tabla | Medidas: 100 x 100 cm

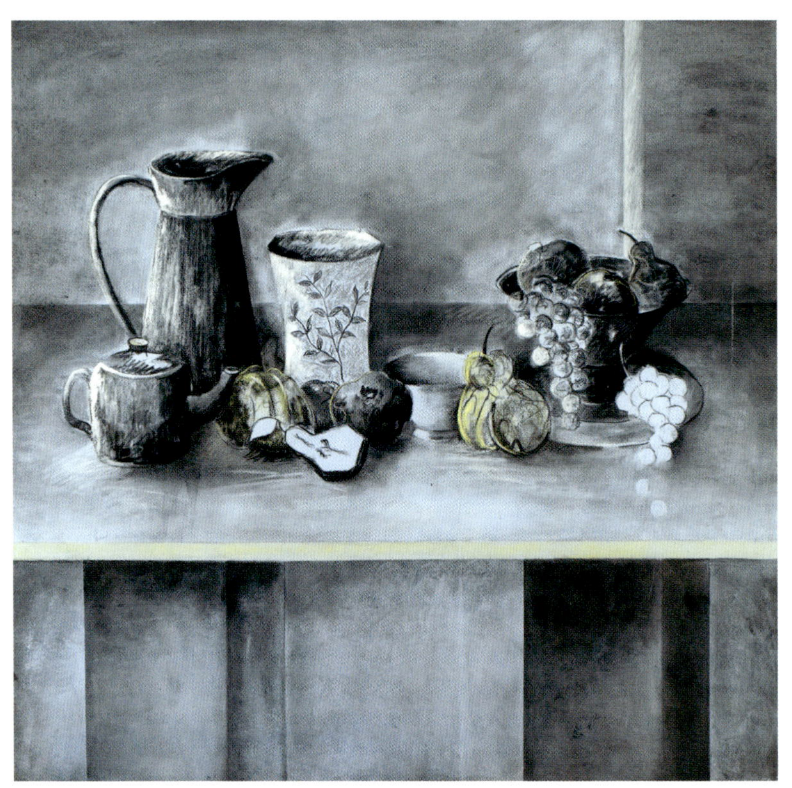

COMPOSICIÓN
Técnica: mixta sobre tabla | Medidas: 100 x 100 cm

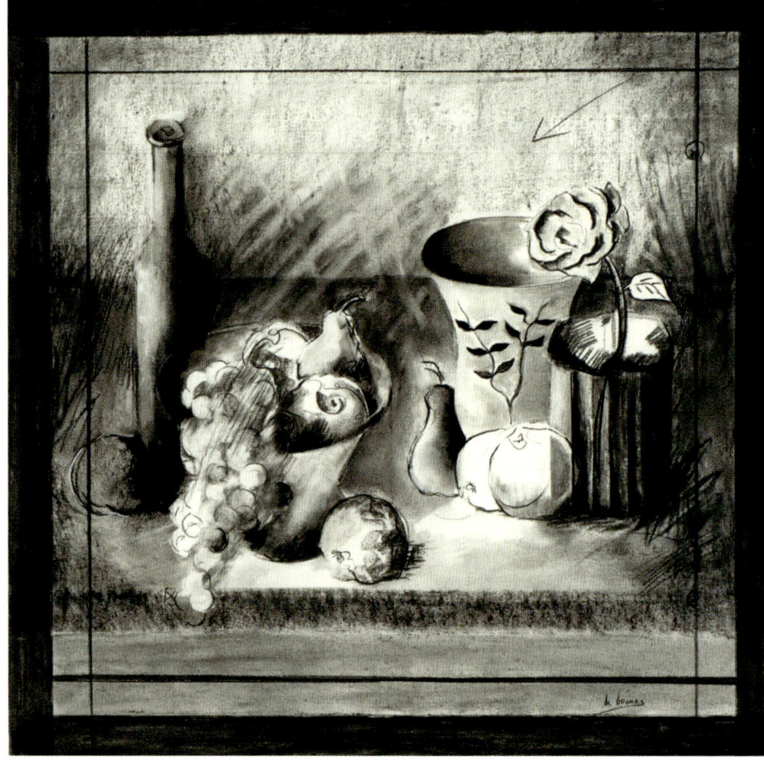

ESTUDIO DE BODEGÓN
Técnica: mixta sobre cartón | Medidas: 97 x 100 cm

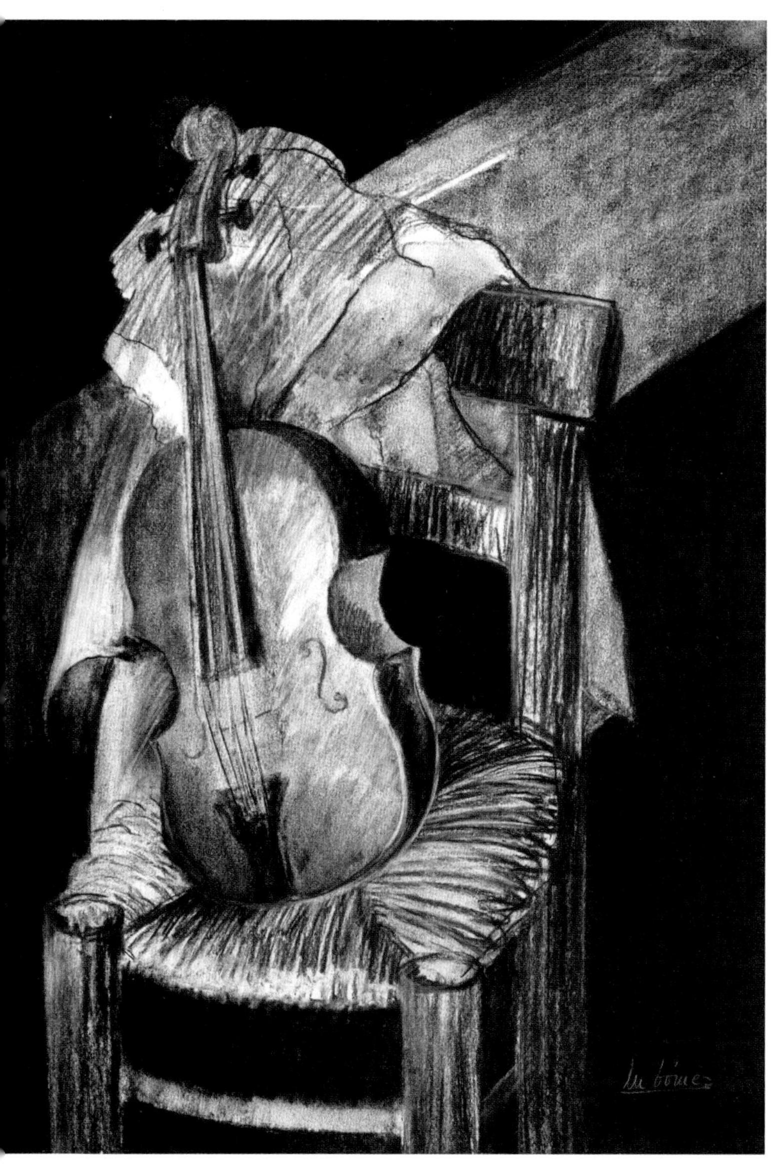

SILLA CON GUITARRA
Técnica: carboncillo sobre cartón | Medidas: 65 x 56 cm

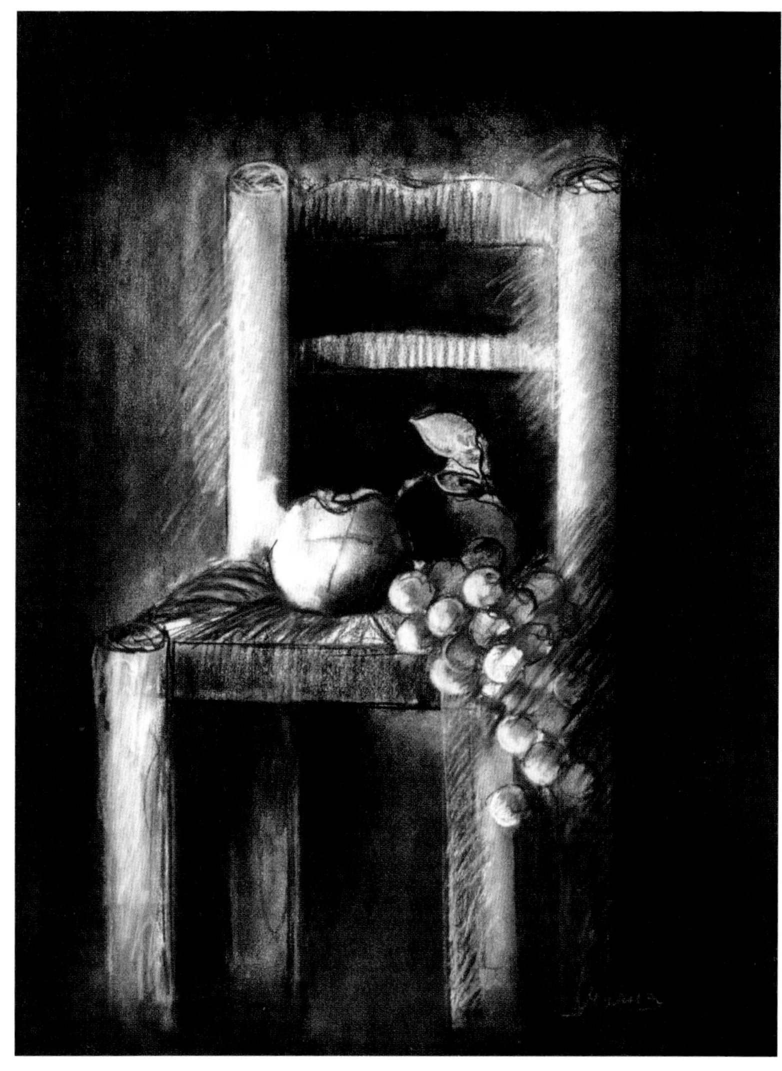

BOCETO PARA SILLA VERDE
Técnica: carboncillo sobre cartón | Medidas: 73 x 55 cm

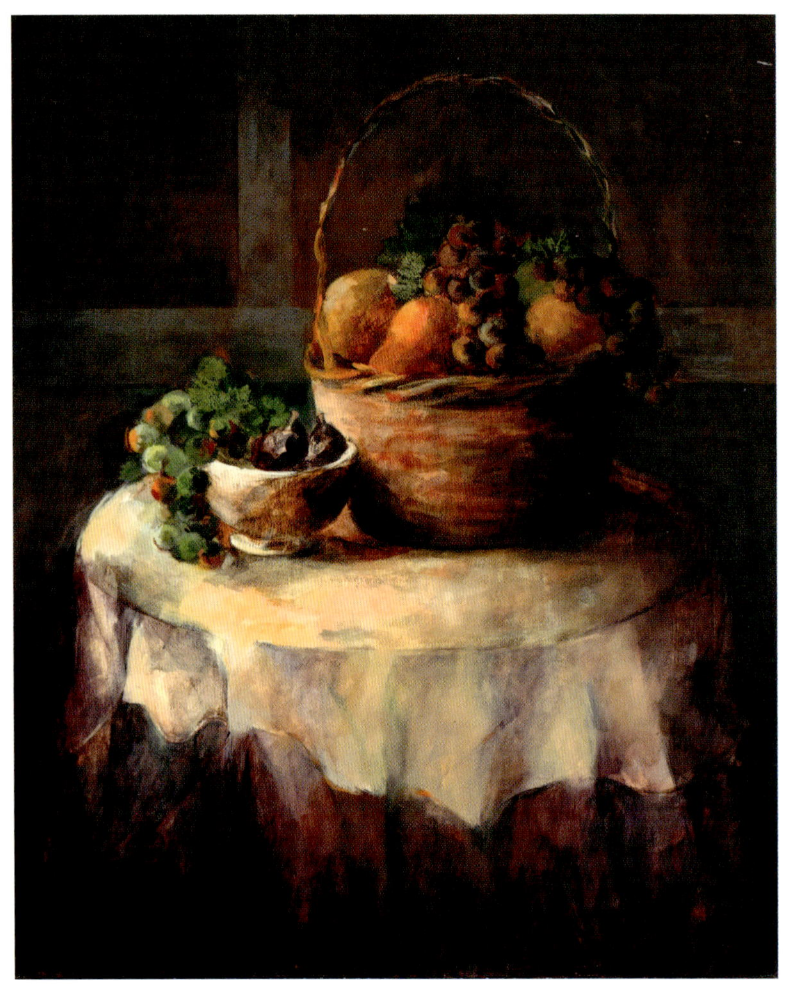

SOBRE EL MANTEL
Técnica: óleo sobre tabla | Medidas: 73 x 60 cm

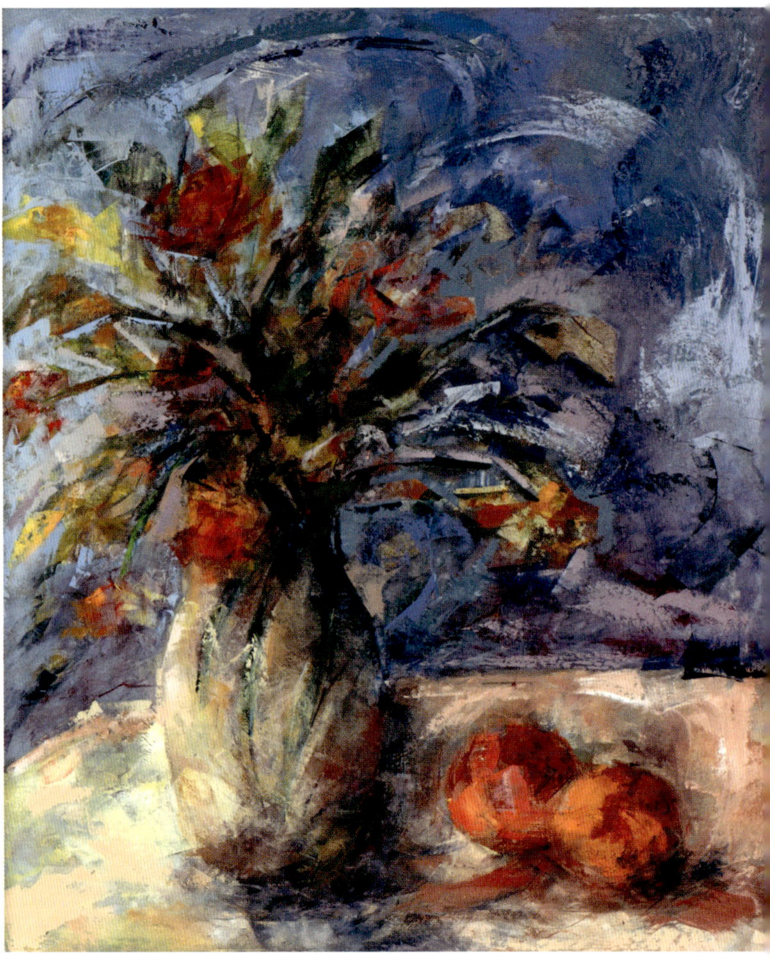

JARRÓN CON FLORES
Técnica: óleo sobre lienzo | Medidas: 73 x 60cm

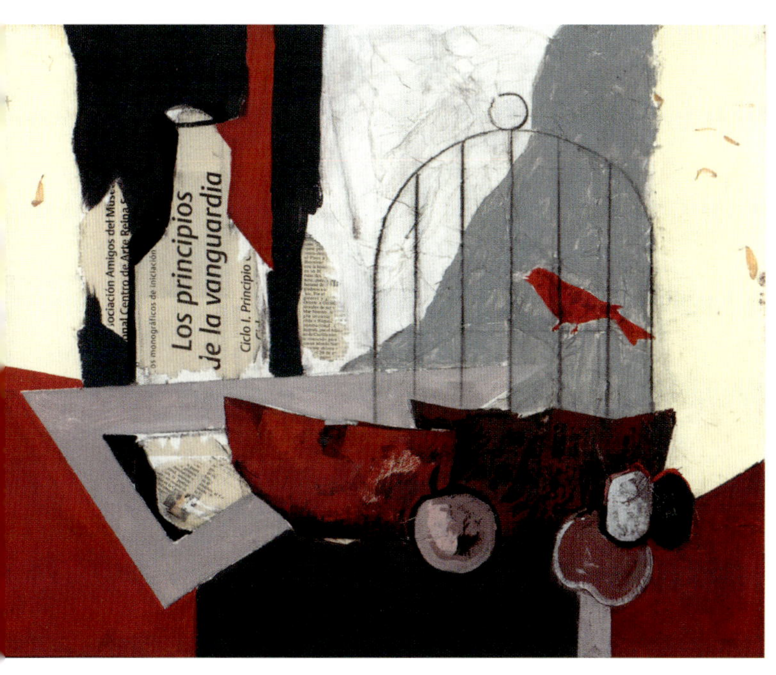

BODEGÓN CON PÁJARO ROJO
Técnica: mixta sobre lienzo | Medidas: 50 x 61 cm

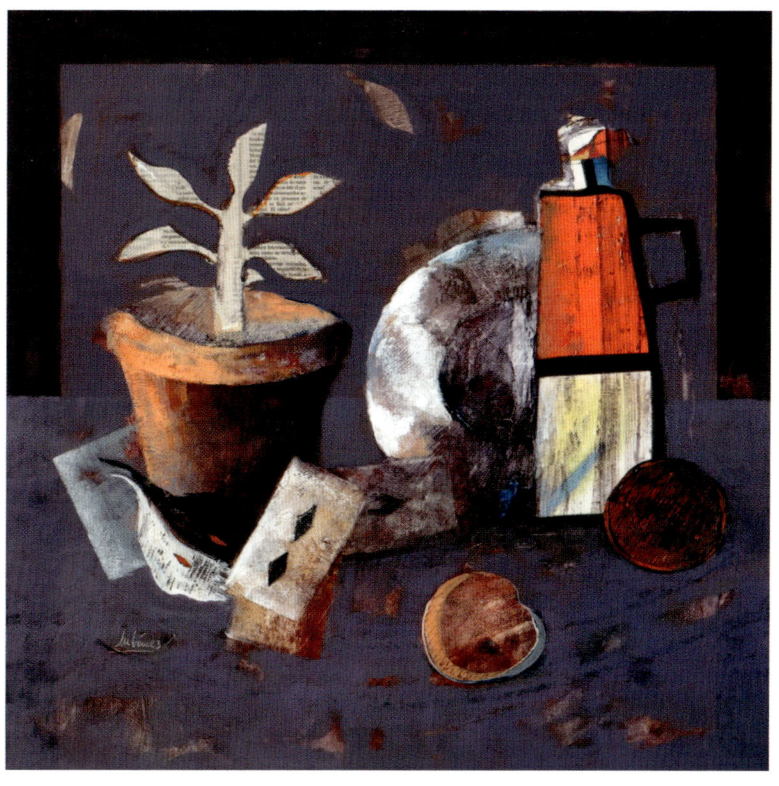

DESPUÉS DEL CAFÉ
Técnica: mixta sobre tabla | Medidas: 50 x 50 cm

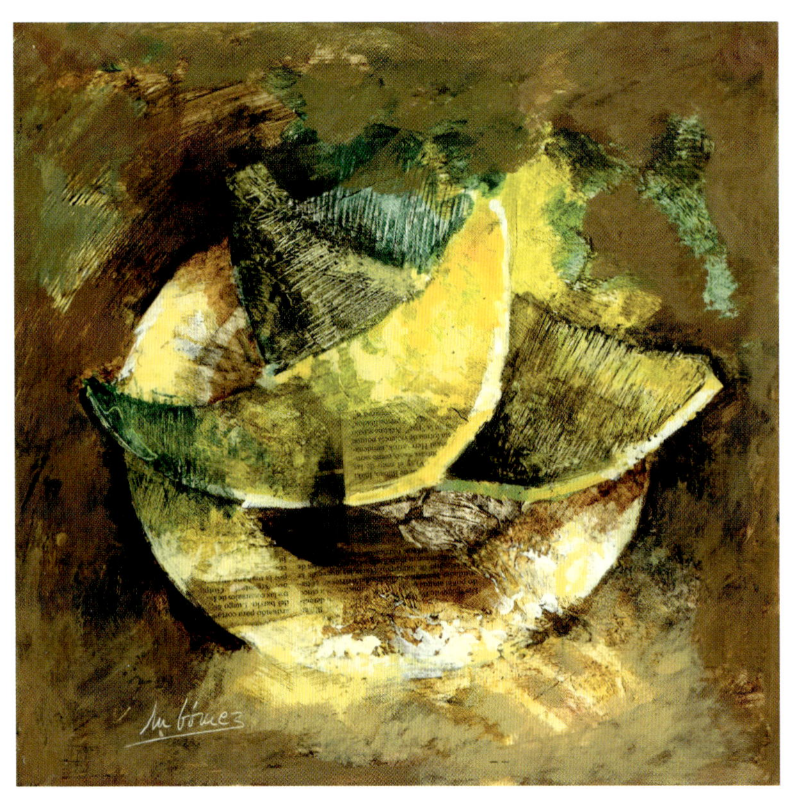

BODEGÓN CON MELÓN
Técnica: mixta sobre cartón | Medidas: 31 x 31 cm

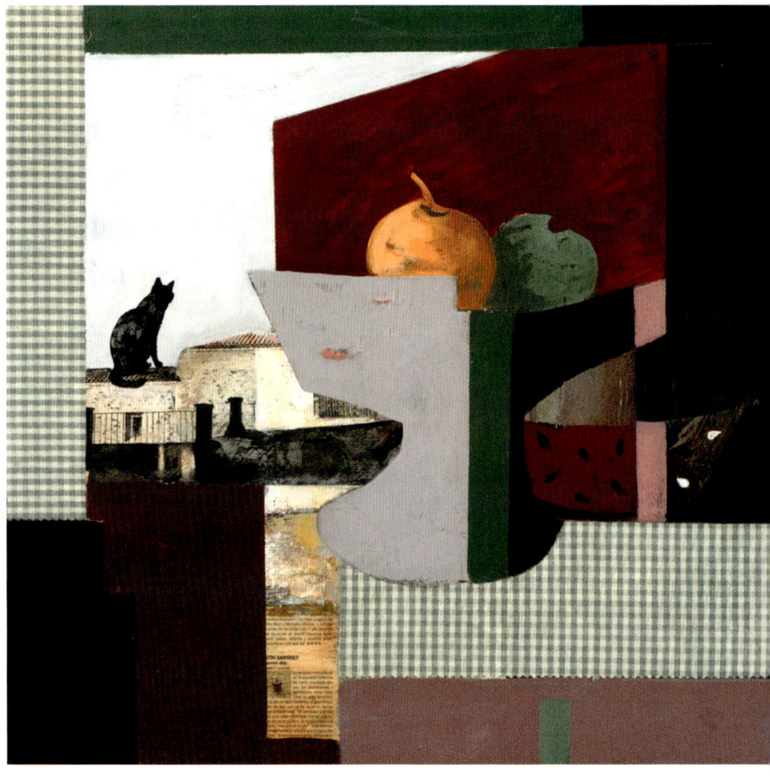

COMPOSICIÓN CON GATO
Técnica: mixta sobre tabla | Medidas: 50 x 50 cm

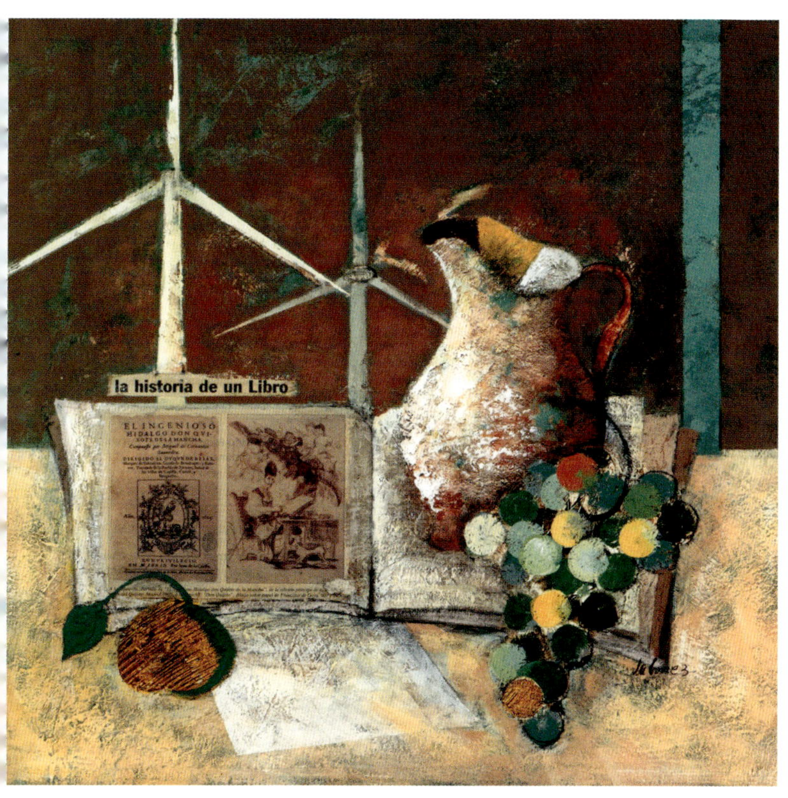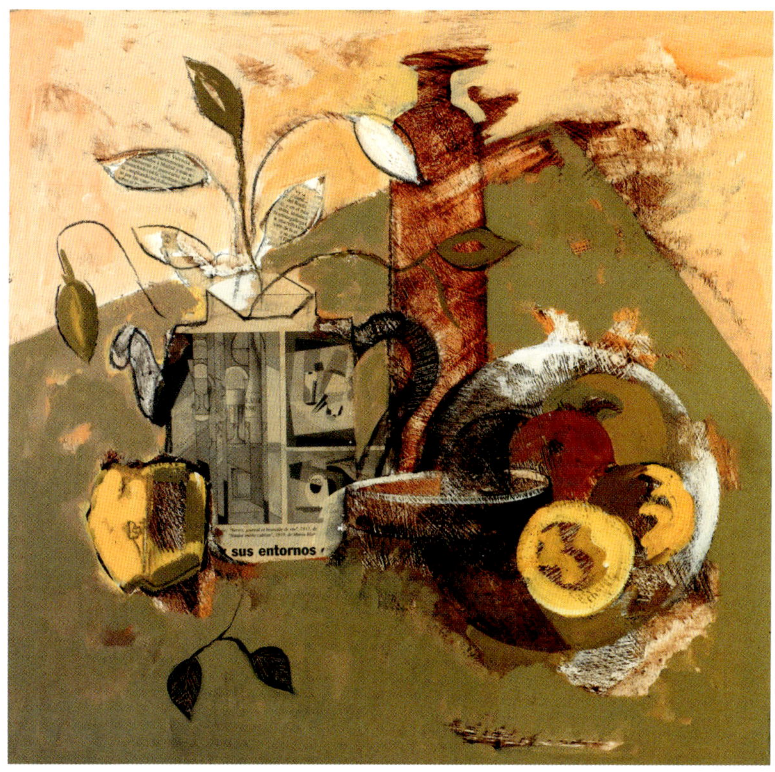

LA HISTORIA DE MI LIBRO
Técnica: mixta sobre tabla | Medidas: 50 x 50 cm

JUEGO DE FORMAS
Técnica: mixta sobre tabla | Medidas: 50 x 50 cm

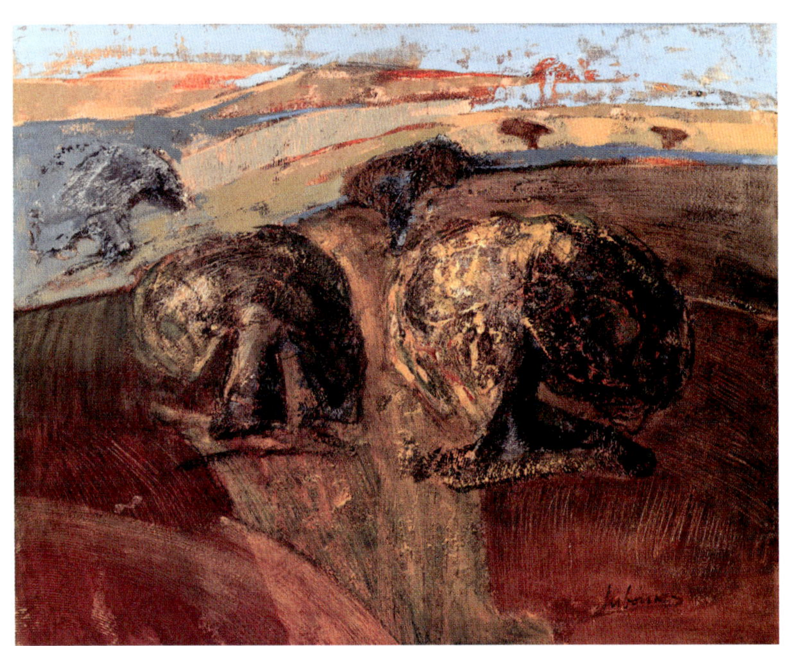

AMANECER II
Técnica: mixta sobre lienzo | Medidas: 60 x 73 cm

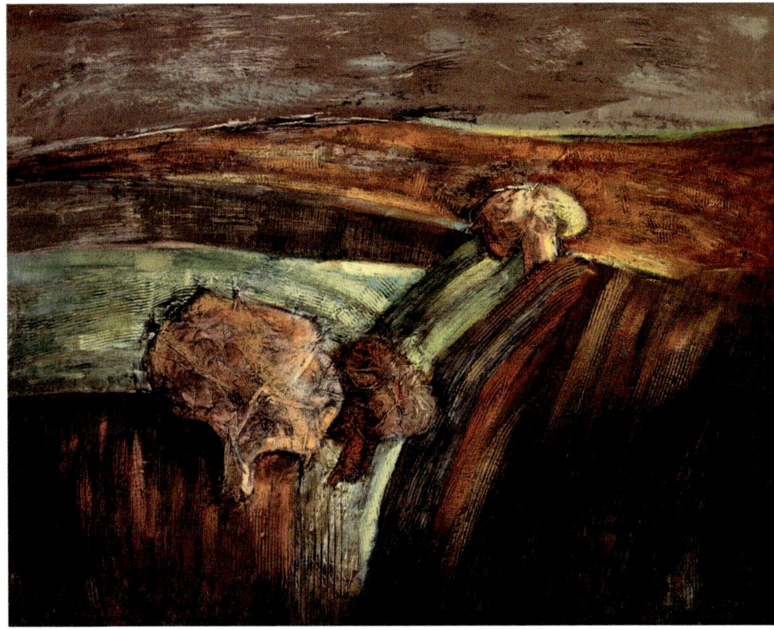

RASTROJOS
Técnica: mixta sobre tabla | Medidas: 50 x 65 cm

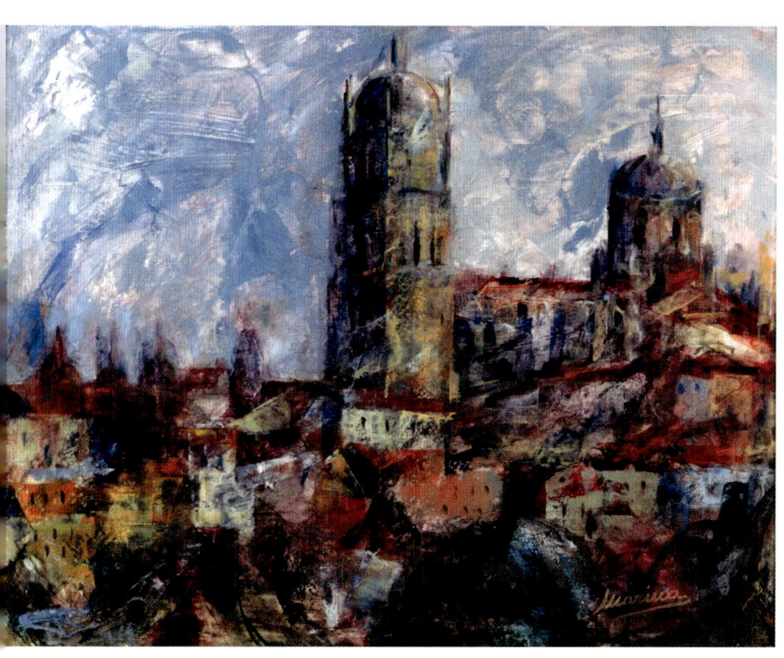

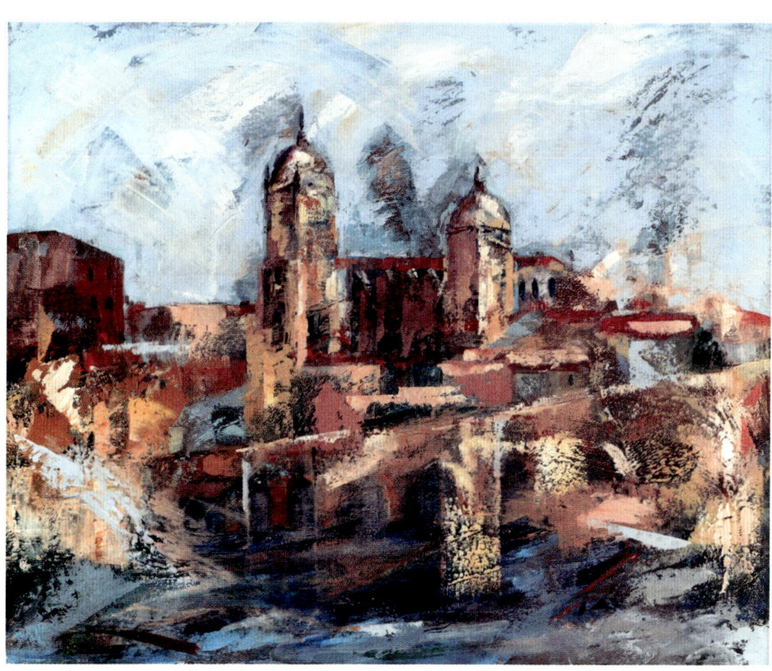

SALAMANCA. CATEDRAL I
Técnica: mixta sobre tabla | Medidas: 60 x 73 cm

CATEDRAL III
Técnica: mixta sobre lienzo | Medidas: 45 x 55 cm

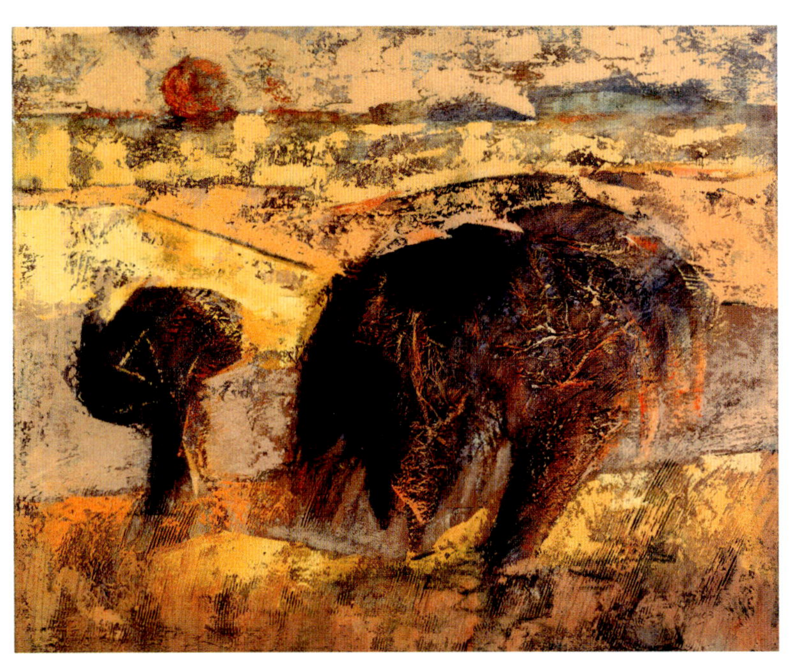

PAISAJE OTOÑAL
Técnica: mixta sobre lienzo | Medidas: 55 x 65 cm

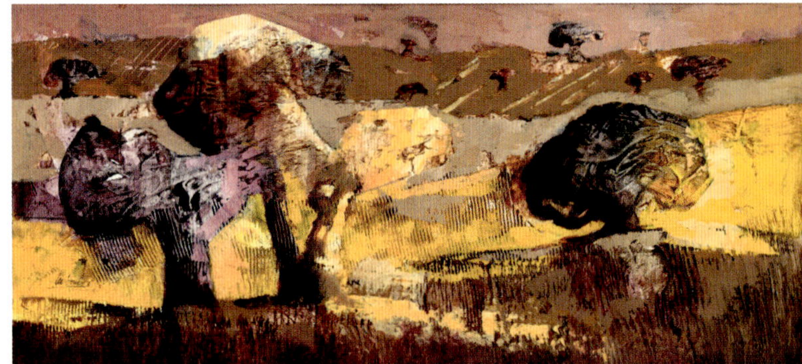

CASTILLA
Técnica: mixta sobre tabla | Medidas: 28 x 60 cm

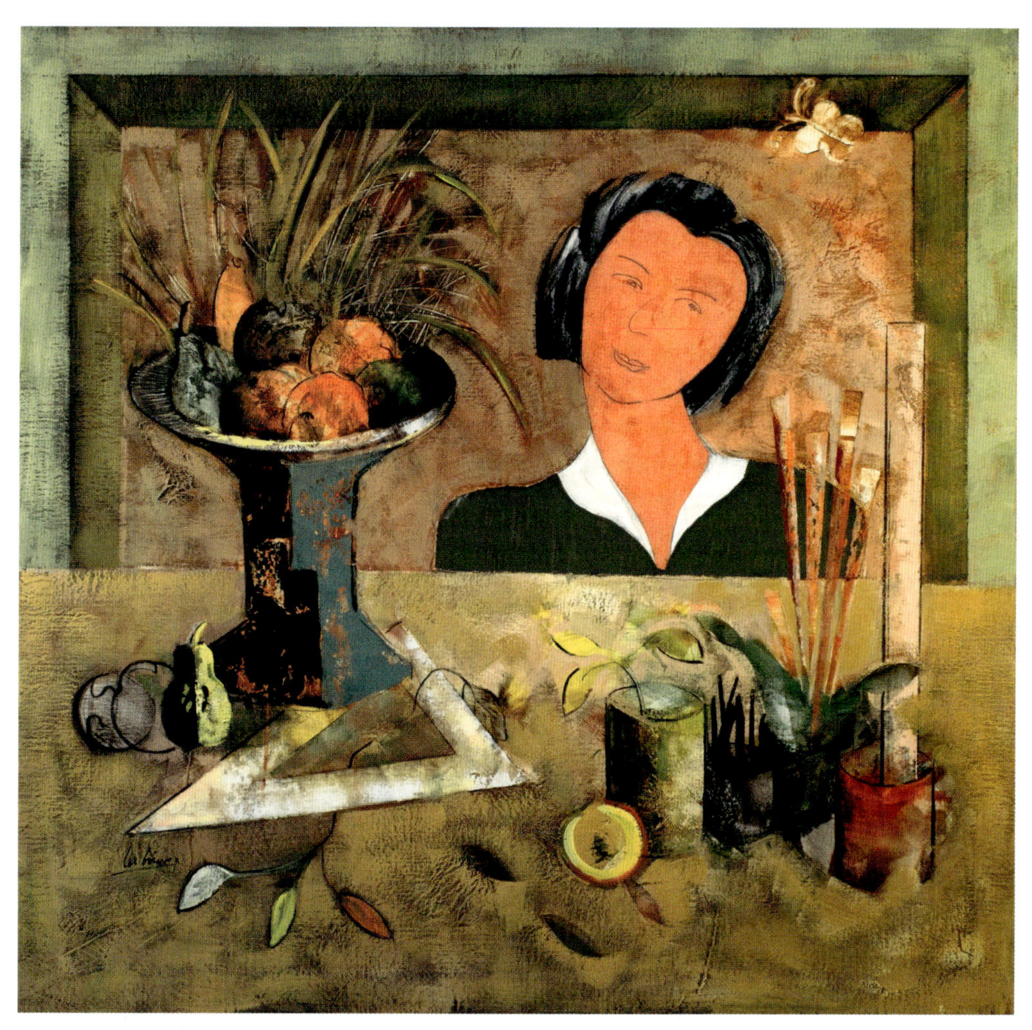

SOLEDAD
Técnica: mixta sobre lienzo | Medidas: 100 x 100 cm

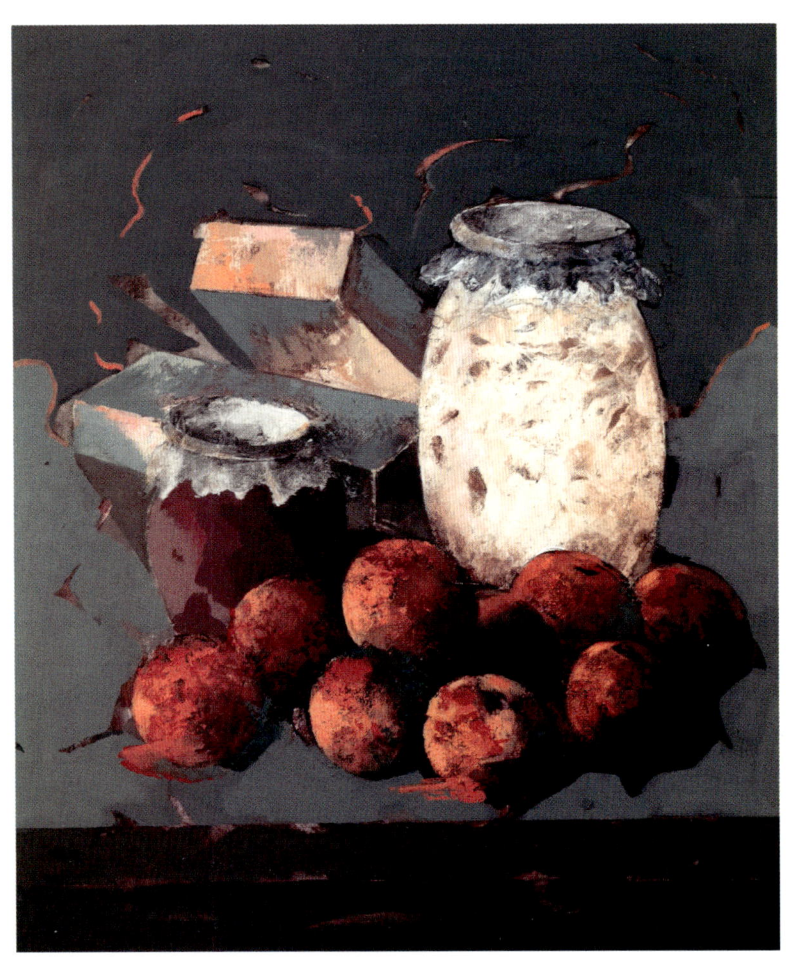

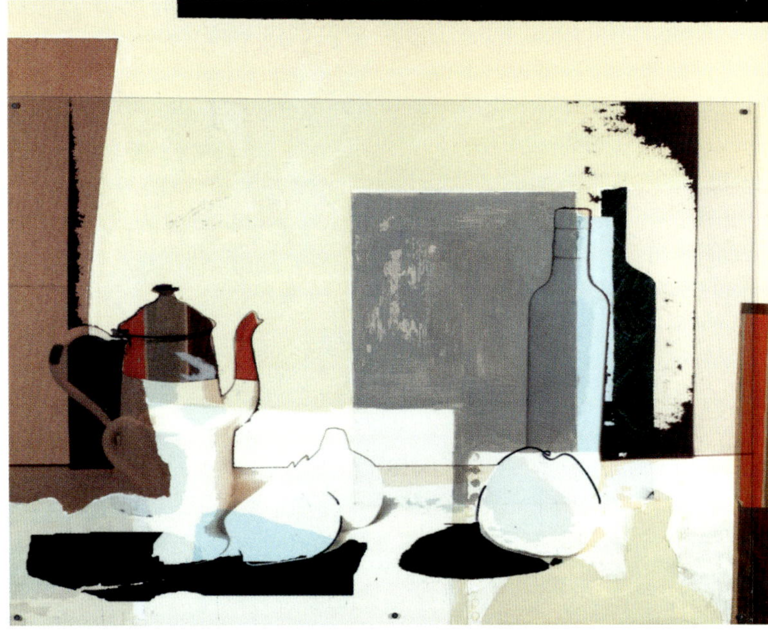

COMO PRETEXTO LUIS MELÉNDEZ
Técnica: mixta sobre tabla | Medidas: 73 x 60 cm

BODEGÓN CON CAFETERA
Técnica: mixta sobre tabla | Medidas: 60 x 73 cm

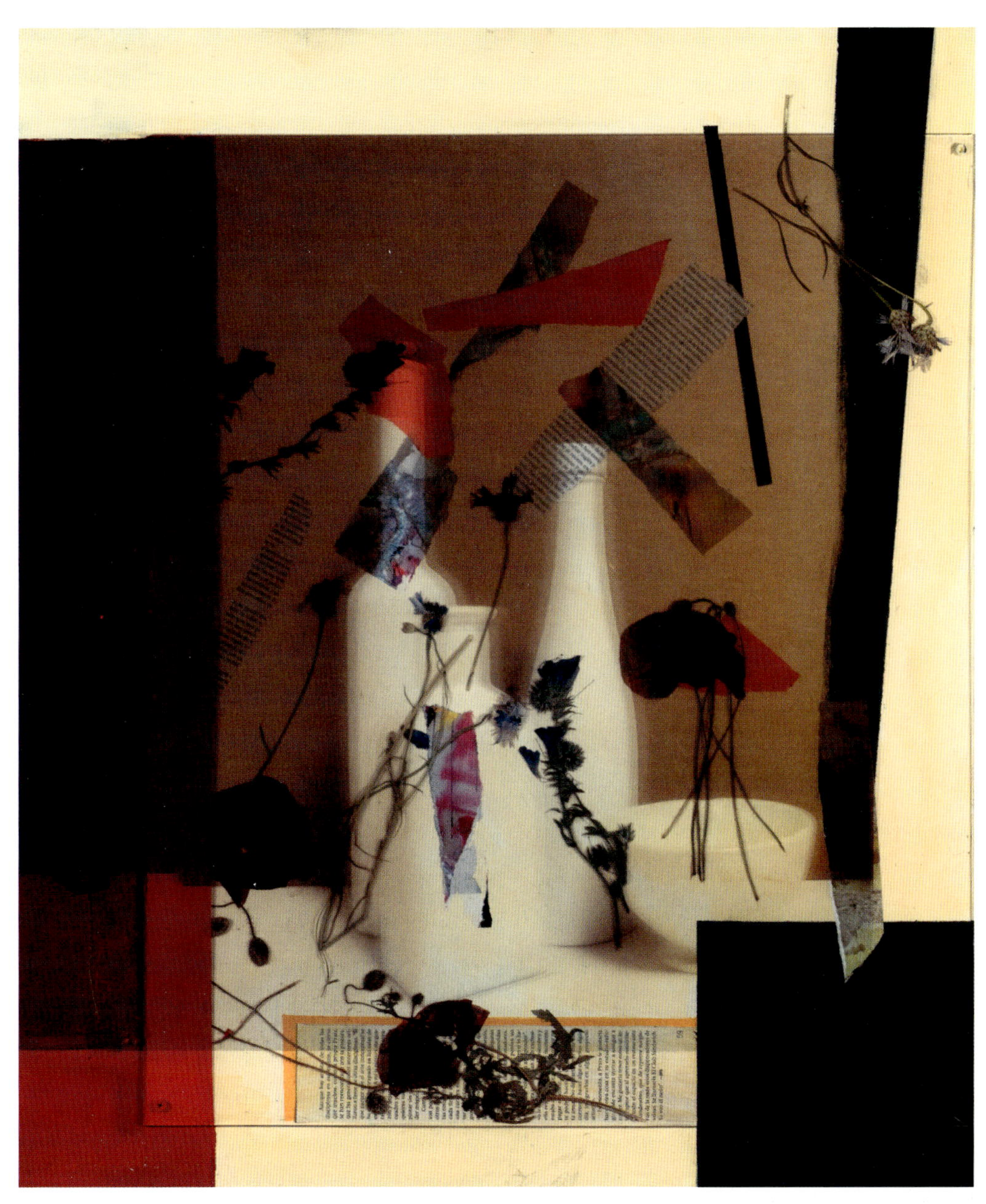

BODEGÓN CON FLORES
Técnica: mixta sobre tabla | Medidas: 73 x 60 cm

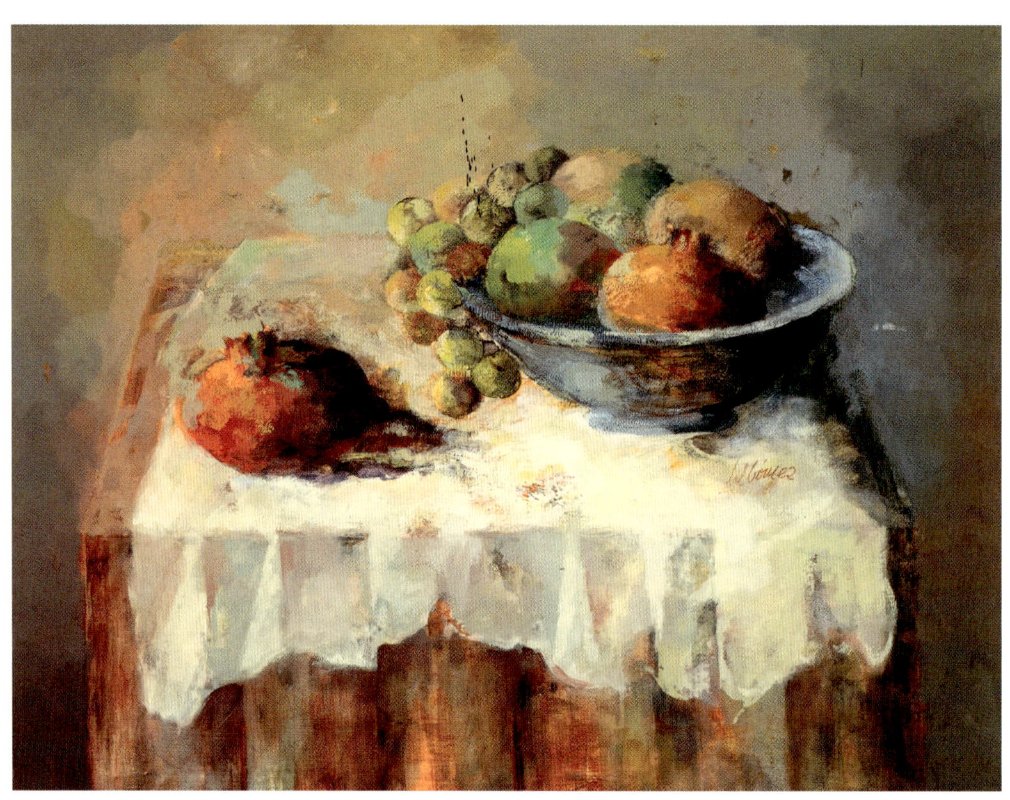

BODEGÓN CON GRANADAS
Técnica: mixta sobre lienzo | Medidas: 54 x 65 cm

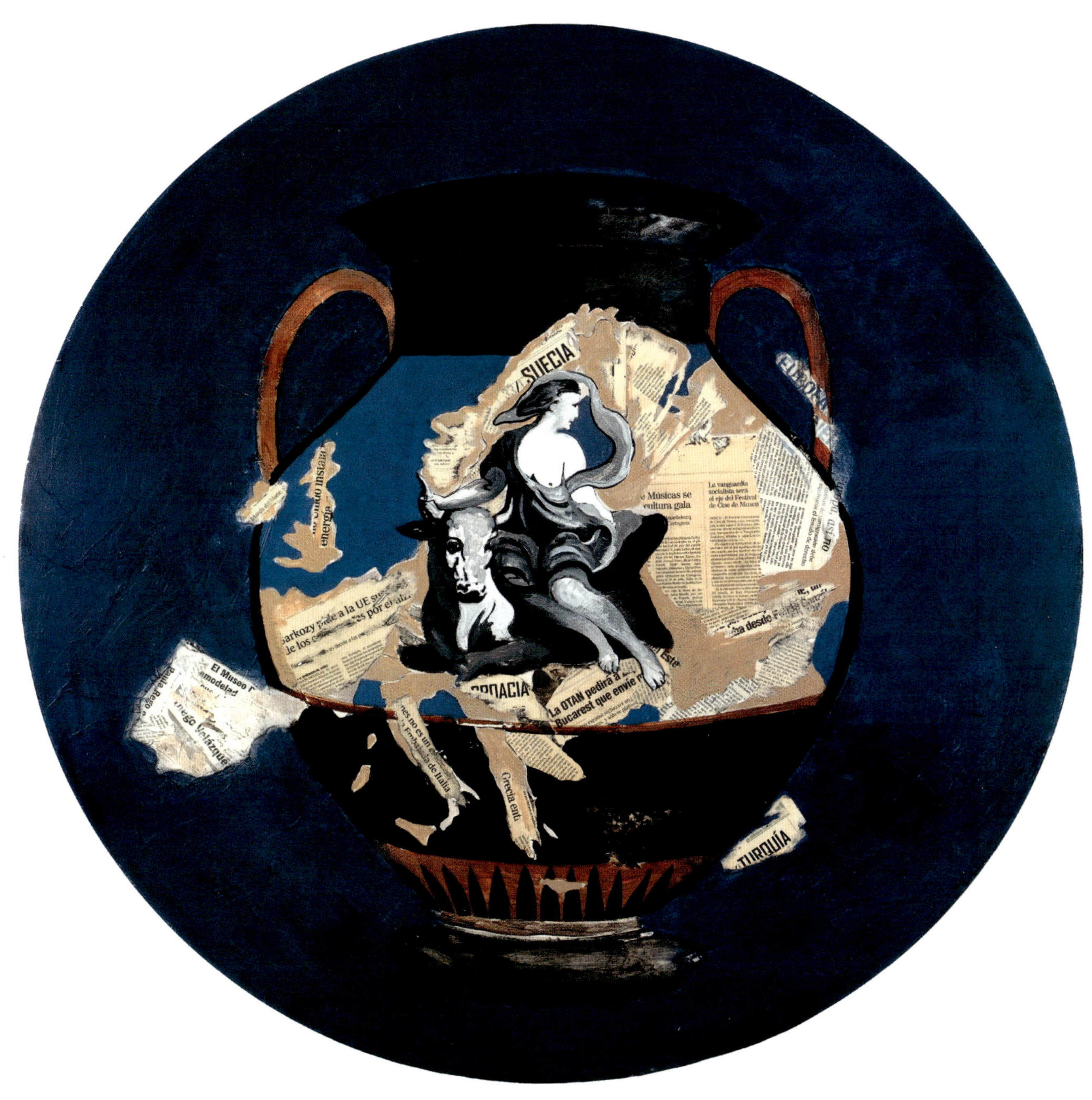

EL RAPTO DE EUROPA
Técnica: mixta sobre tabla | Medidas: 100 x 100 cm

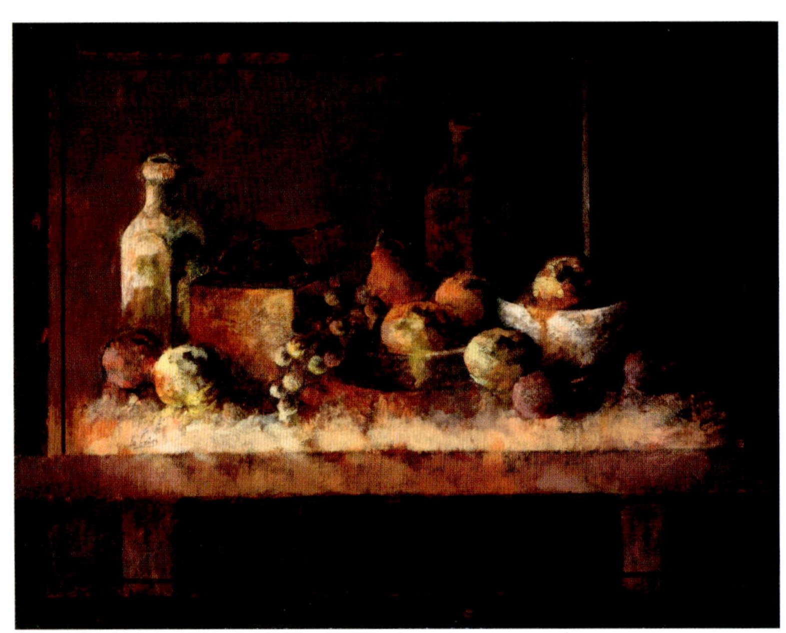

BODEGÓN EN ESCENA
Técnica: mixta sobre tabla | Medidas: 80 x 65 cm

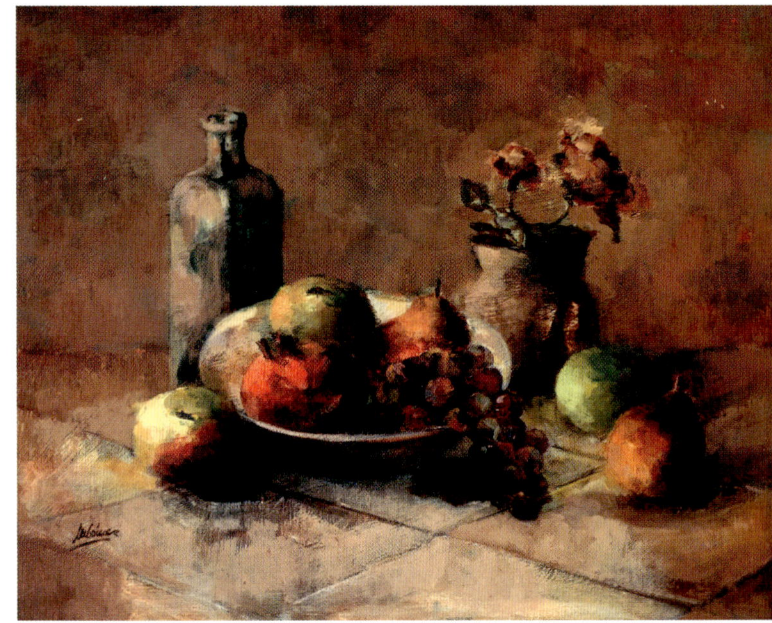

HOMENAJE A JORGE LUDUEÑA
Técnica: mixta sobre tabla | Medidas: 50 x 65 cm

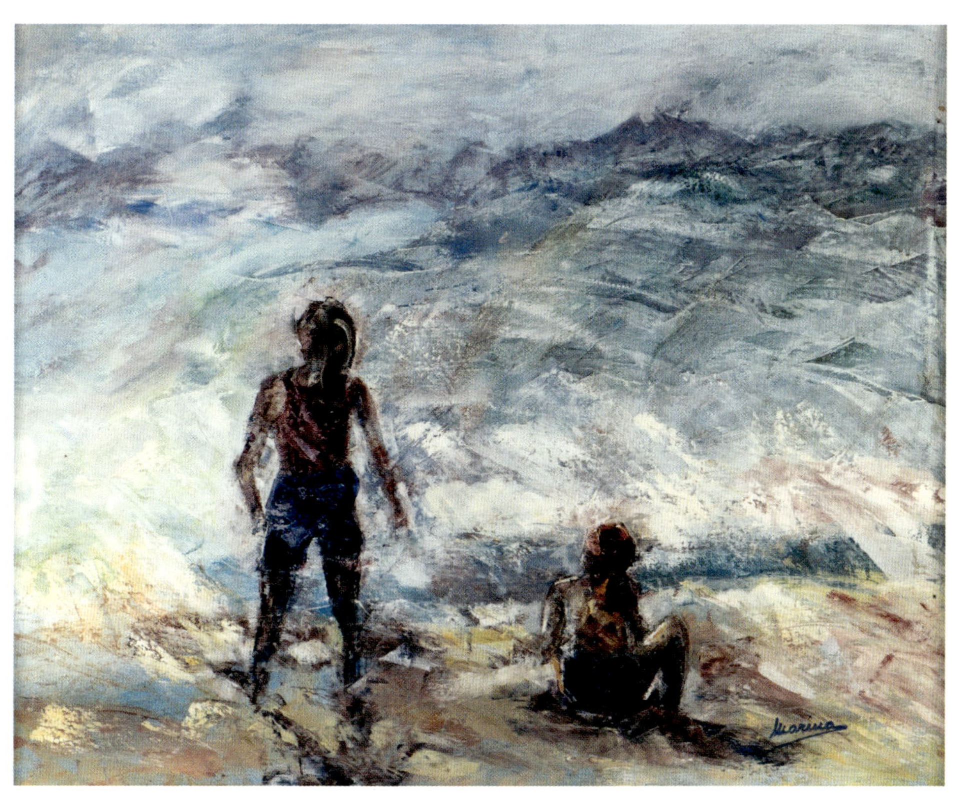

EN LA PLAYA
Técnica: óleo sobre lienzo | Medidas: 58 x 70 cm

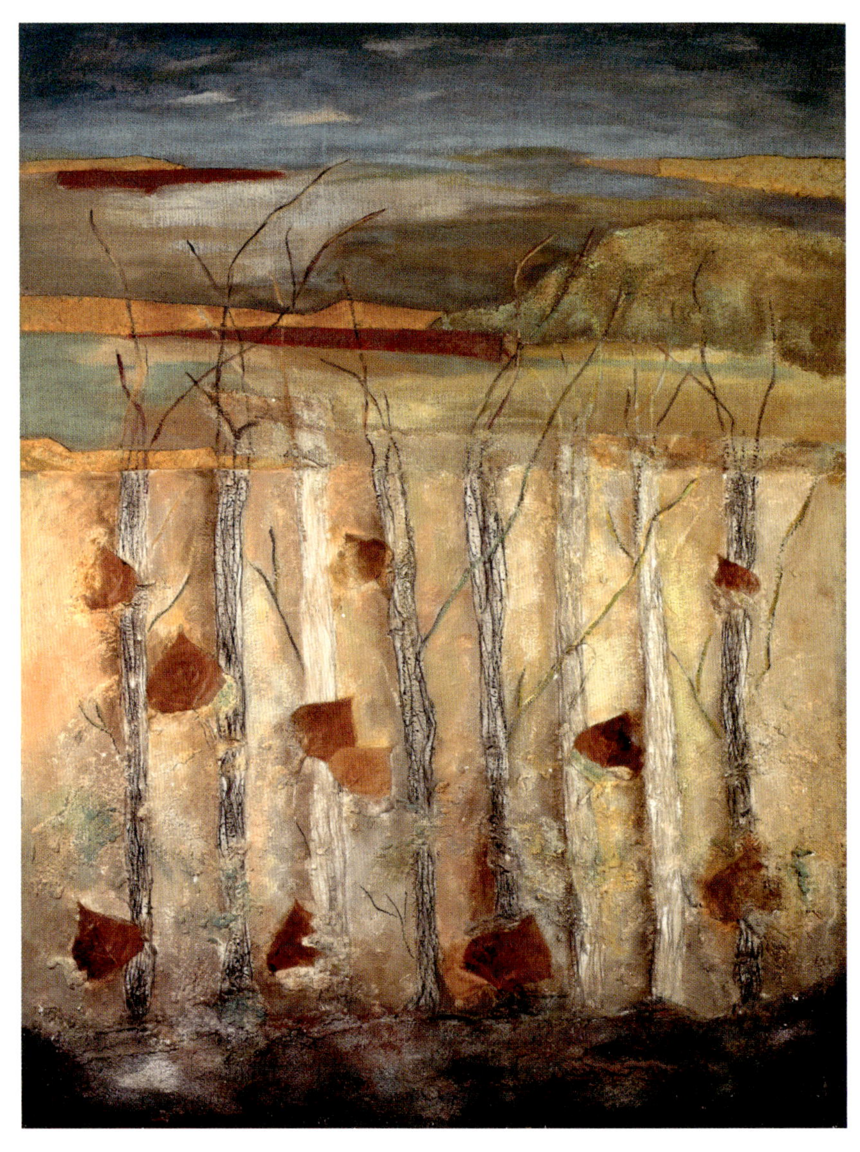

CAIDA DE LA HOJA
Técnica: mixta sobre arpillera | Medidas: 130 x 97 cm

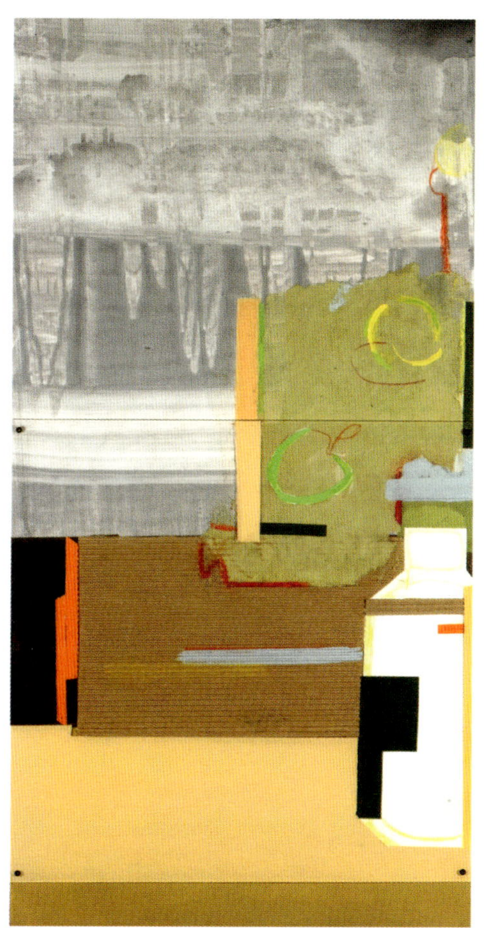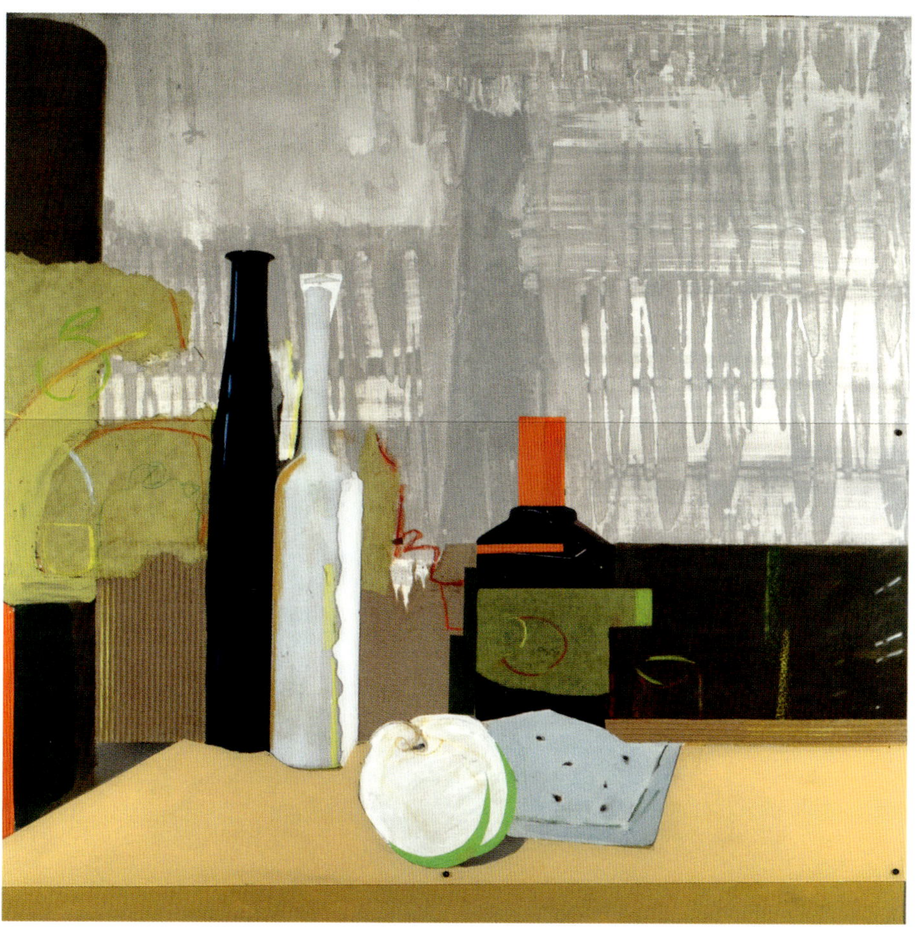

DÍPTICO «BODEGÓN»
Técnica: mixta sobre tabla | Medidas: 100 x 150 cm

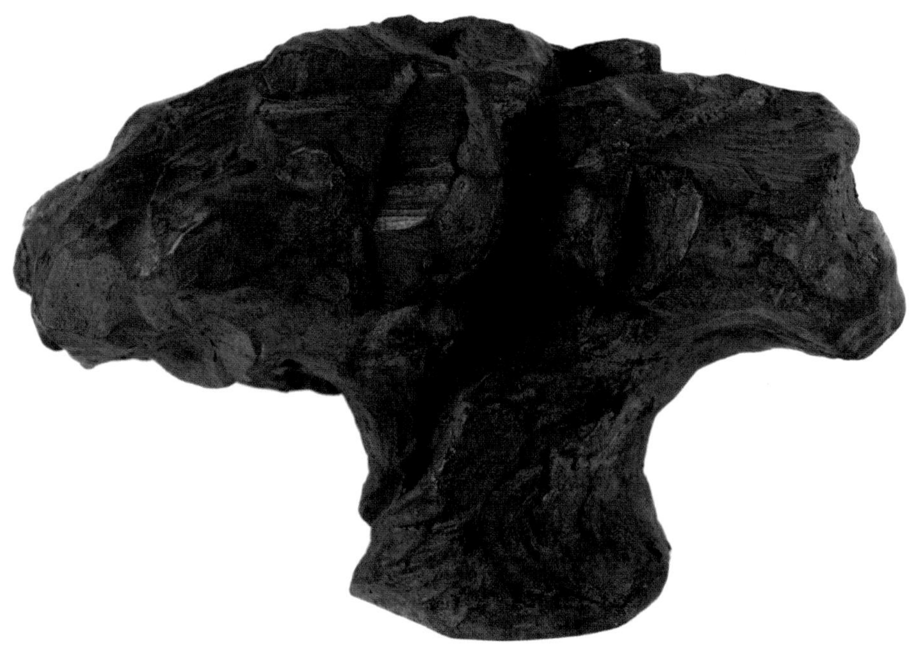

ENCINA
Técnica: bronce | Medidas: 18 x 30 cm

MARINA GÓMEZ SÁNCHEZ, nace en Alaraz, Salamanca.

Licenciada en CC de La Educación. Universidad Complutense de Madrid. Profesora E.G.B, Escuela Escuni, Madrid. Máster en Logopedia, Universidad Complutense, Madrid.

Estudia dibujo, pintura y grabado en los siguientes centros:

- Escuela de Artes y Oficios, Salamanca.
- Taller Peña, Madrid.
- Centro Cultural de Pozuelo, Alarcón.
- Taller del Prado, Madrid.
- Círculo de Bellas Artes, Madrid.
- Estudio del pintor Jorge Ludueña, Madrid.
- Estudio Albín, Madrid.
- Curso de xilografía en Los talleres del Círculo de Bellas Artes, Madrid.
- Escuela de Arte Ilustra: Pintura mural. Taller de Arte Actual: *Collage*/Reciclaje dirigido por Sean Mackaoui en el Círculo de Bellas Artes, Madrid.
- Escultura en el centro Mira, Pozuelo de Alarcón.
- Cursa estudios (Ciclo Superior) de cerámica artística en la Escuela de Arte Francisco Alcántara, Madrid.
- Taller sobre nuevas técnicas: fotografía, metacrilato… en el taller dirigido por Consuelo Chacón, Madrid.
- Seminario Experimental de Arte Contemporáneo en Cuenca 2013.
- Seminario de Arte Conceptual en Granada 2014. Cáceres 2021.

Organiza un Concurso Internacional de Pintura Rápida en Alaraz desde julio del 2005.

Pertenece al grupo de pintura «Pro Arte y Cultura».

Abre una Casa Museo que lleva su nombre «Marina Gómez» en su pueblo natal (23-6-2006), Alaraz, Salamanca.

EXPOSICIONES INDIVIDUALES

- 1997 GALERÍA ALTALENE. Madrid.
- 1998 Palacio de Garci Grande. CAJA DUERO. Salamanca. «La pintura en escena».
- 1999 Palacio del Almirante. CAJA DUERO. Medina del Campo.
- Centro Cultural Capitol, CAJA DUERO. Cáceres.
- Sala Cultural CAJA DUERO. Plasencia.
- Sala de Exposiciones CAJA DUERO, Valladolid.
- GALERÍA DE ARTE PALOMA 18, 4.º Aniversario. Burgos.
- 2000 GALERÍA ALTALENE. Madrid. «Desde mis vivencias personales».
- FUNDACIÓN SÁNCHEZ RUIPÉREZ. Peñaranda de Bracamonte. Salamanca. «Pinturas de Marina Gómez».
- 2001 GALERÍA BIBLIO-ART. Badajoz. «Contrastes».
- GALERÍA VISOL. Orense.
- RINCÓN DEL ARTE. Manzanares el Real. Madrid.
- ILUSTRE COLEGIO OFICIAL DE MÉDICOS. Madrid.
- Sala de Exposiciones, AYUNTAMIENTO DE ALARAZ, Salamanca.
- Ayuntamiento de Madrid, JUNTA MUNICIPAL LATINA. Madrid. «Luz y espacio».
- GALERÍA VICTORIA HIDALGO. Madrid. «La realidad y el deseo…».
- SALA DE ARTE BERNESGA. León. «La realidad y el deseo».
- BBVA. Oviedo.
- ESCUELA JULIAN BESTEIRO. Madrid.
- AYUNTAMIENTO DE ÁVILA. Sala de Exposiciones del Episcopio. «Percepciones».
- CASA REGIONAL DE CASTILLA Y LEÓN EN COSLADA. Madrid.

- 2008 Palacio de Garci Grande. CAJA DUERO. Salamanca. «Miradas».
- Sala de Exposiciones de CAJA DUERO. Pasaje de San Nicolás, s/n. Benavente. Zamora.
- Sala de Exposiciones de CAJA DUERO. Sánchez Ocaña, 55. Béjar. Salamanca.
- MUSEO ETNOGRÁFICO-MEDIOAMBIENTAL DE LAS LLANURAS Y CAMPIÑAS DE SALAMANCA. Macotera. Salamanca.
- CAJA MADRID. «Naturaleza y razón». Blasco de Garay 38. Madrid.
- 2009 SALA DE EXPOSICIONES DEL COLISEO DE LA CULTURA. Villaviciosa de Odón. Madrid.
- 2011 RESIDENCIAL LA VEGA. Salamanca.
- 2012 AYUNTAMIENTO DE NAVACERRADA. Casa de la Cultura. «Ritmos y Metamorfosis». Navacerrada. Madrid.
- INSTITUTO BILINGÜE CERVANTES. «Naturaleza muerta y campos de Castilla». Madrid.
- AYUNTAMIENTO DE POZUELO DE ALARCÓN. CENTRO CULTURAL VOLTURNO. Pozuelo de Alarcón. Madrid.
- 2013 SALA DE ARTE BOTEJARA. Peñaranda de Bracamonte. Salamanca.
- 2014 SALA DE EXPOSICIONES. BIBLIOTECA MIGUEL HERNÁNDEZ. Villalba.
- 2016 CENTRO CULTURAL: NICOLÁS SALMERÓN. Madrid. «Añoranzas».
- 2017 PALACIO DE LA SALINA. DIPUTACIÓN DE SALAMANCA: «Miradas». 2 de diciembre del 2017.
- 2021 HOTEL PALACIO DE SAN ESTEBAN. Salamanca.

EXPOSICIONES COLECTIVAS Y FERIAS DE ARTE CONTEMPORÁNEO

- Desde 1990, Marina Gómez ha realizado varias exposiciones colectivas en MADRID, LEÓN, SALAMANCA, VALENCIA, BADAJOZ, SEGOVIA, PARÍS…
- Ha participado en FERIAS DE ARTE CONTEMPORÁNEO por todo el país.

OBRAS EN COLECCIONES PRIVADAS

- Caja Duero. Salamanca.
- Colección Huarte. Madrid.
- Fundación S. Ruipérez de Peñaranda de Bracamonte. Salamanca.
- Ayuntamiento de Alaraz. Salamanca.
- Colección Godofredo Garabito, La Casa Grande, La Muzarra, Valladolid.
- Colección Revista de Psicología «Todos SOMOS». Madrid.
- Ayuntamiento de Ávila.
- Museo de Pintura y Escultura de Alaraz. Salamanca.
- Museo de Arte Contemporáneo de Azuaga. Badajoz.
- Museo de Arte Contemporáneo «Mayte Spínola». Marmolejo. Jaén.
- Museo Etnográfico-Medioambiental. Macotera. Salamanca.
- Ayuntamiento, Casa de la Cultura. Villaviciosa de Odón. Madrid.
- Casa del Cultura. Navacerrada. Madrid.
- Ayuntamiento de Pozuelo de Alarcón. Madrid.
- UNED de Cuenca.
- Ayuntamiento de Coslada. Madrid.
- Junta Municipal Chamartín. Madrid.
- Diputación de Salamanca.

RESEÑAS Y ARTÍCULOS DE PRENSA

Goza de múltiples reseñas en revistas de arte y artículos de prensa desde «EL PUNTO DE LAS ARTES» en enero de 1998, hasta agosto de 2025 con Charo Alonso en «SALAMANCA AL DÍA», pasando por «EL MUNDO» (Castellanos y Leoneses por derecho), LA MUJER EN EL ARTE (Asociación Española Críticos de Arte), «EL NORTE DE CASTILLA» (Cuando la mirada tiene algo que pintar), «LA GACETA», «EUROPAPRESS» y muchos más.

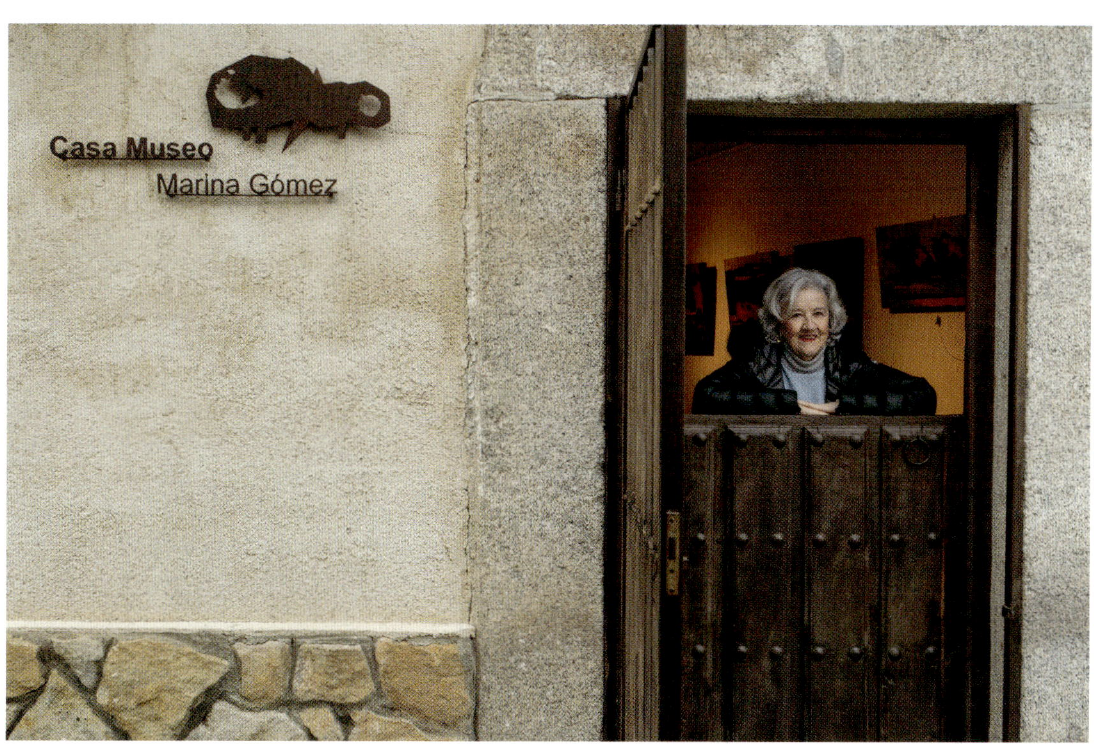

Casa Museo
Marina Gómez